戦争のリアルと安保法制のウソ

西谷 文和
イラクの子どもを救う会
戦場ジャーナリスト

日本機関紙出版センター

はじめに

「ウソをつけないヤツは政治家と弁護士にはなれないよ。ウソつきは政治家の始まりなの！」。これは橋下徹著『まっとう勝負！』（２００６年、小学館）の中の一説である。「行列のできる法律相談所」や「たかじんのそこまで言って委員会」など、テレビタレントとして人気が出てきた頃の、彼のエッセイをまとめたものが『まっとう勝負！』だ。

この頃はまさか自分が政治家になるなんて思っていなかったのだろう、逆に言えば、人は油断した時に本性が出る。つまりこれが「彼の本音」である。現在（２０１５年10月22日）インターネットのアマゾンでこの本を注文しようと思えば、すべて「中古本のみ」となっている。大手書店でも見かけなくなった。「やばい」と感じて本を引き上げたのだろう。全然「まっとう勝負！」してないやないか（笑）。

２０１５年5月、大阪都構想の住民投票で、反対が賛成を辛うじて上回った。僅差であったが、負けは負け。さわやかな笑顔で彼は「政治家を引退します」と宣言した。

—ウソつきは政治家の始まり—

テレビに映る彼の会見を見て、私は瞬時にこれはウソであると確信した。彼は必ずいろんな理屈をつけて政界に復帰するだろう。案の定、「維新の党を割らない」と言った舌の根も乾かないうちに、「おおさか維新の会」という新党を作って、国政進出を狙っている。

ウソとともに目立つのが暴言だ。「慰安婦は必要だった」「（沖縄に駐留する米軍に）風俗を利用してください」――などが有名だが、彼は知事時代にこんなことも言っている。「こんな猥雑な街、いやらしい街はない。ここにカジノを持ってきてドンドンバクチうちを集めてきたらいい。風俗街やホテル街、全部引き受ける。大阪をもっと猥雑にするためにも、カジノをベイエリアに持っていく」（２００９・10・29大阪市内の企業経営者を前に講演）

ちょっと待ってくれ！ 勝手に大阪を猥雑な街にするなよ！と叫びたくなる。

風俗やカジノは大好きだが、嫌いなのは、オーケストラと文楽だ。大阪市長になり、文楽を鑑賞して面白くなかったので、突然「補助金を打ち切る」と言いだした。驚いた文楽協会が、せめて2回目を観て判断してほしい」と提言。橋下大阪市長は2回目、近松門左衛門作、曽根崎心中を観に行った。観劇後、彼は記者会見で感想を述べた。曰く「古典として守るべき芸だということが分かったが、新規のファンを獲得するには台本が古すぎる」

えっ、台本が古すぎる？ 文楽に対して？

ではあなたはベートーベンの音楽を聴いて、「楽譜が古すぎる」とでも言うの？ 開いた口が塞がらなかったが、それ以上に問題なのは記者会見に出席していた記者たちである。

「大阪市長という公人」が、古典芸能に対して台本が古すぎる、と言い放ったのである。なぜ突っ込まないのか？ なぜ新聞やテレビで騒がないのか？ なぜ「言いっ放し」にさせたのか？

その答えは「橋下徹という政治家が怖いから」だ。仮に「古典芸能を冒涜する発言だ。あなたは、市長失格だ」と突っ込んだとしよう。おそらく彼はその日から記者の個人名と会社名を挙げてツイッターでつぶやく。「A新聞のB記者はけしからん、C放送のD記者は偏向している」などなど。

彼のツイッターのフォロワーは100万人を超えているので、このつぶやきは瞬時に広がる。すると「橋下信者たち」が、A新聞社、C放送局に攻撃を開始する。「B記者をクビにしろ」「D記者を番組制作から外せ」

かくして「恐怖政治」が始まる。記者たちは「怖いので」黙っている。その結果、彼の雄弁で「ウソの混ざった」コメントだけがお茶の間に流れていく。

この「橋下流マスコミ操縦術」を学んだのが安倍晋三という政治家だろう。「ウソをついてもメディアはそれほど追及しない」「メディアは個人攻撃に弱い」「脅せば黙ってしまう」

安倍首相が東京オリンピック招致演説で、「(福島原発から出る)汚染水は完全にコントロールされている」「(福島事故の影響は)東京には全く関係ありません!」と言い切った。これは明らかなウソだ。それも世界に向かっての大ウソだ。しかし大手メディアは「東京オリンピック決定」の熱狂だけを報道し、首相の無責任発言を追及することはなかった。

今回の「安保関連法という名の『戦争法』もそうだ。国会会期前半は「想定するのはホルムズ海峡」と言っていたのに、やがて「ホルムズではない」と言い、「米艦船に乗って逃げる親子を自衛隊が守らないでどうするんですか」と叫んでいたのに、最後は「そのような想定はあり得ない」と。

だから首相が「自衛隊が戦争に巻き込まれることは絶対にない」と、繰り返し「絶対に」という言葉を使っていることこそ、危ない。ウソで塗り固めた政治家の「絶対に」など「絶対に信じてはいけない」のだ。

安倍首相になってから、TBS系列の「ニュース23」やテレビ朝日系列の「報道ステーション」への不当な干渉が強まっているのではないか？　テレビ局総体ではなく「個別の番組」「個別のコメンテーターやプロデューサー」を攻撃する方が効果的。総理官邸は「橋下流マスコミ操縦術」を参考にしているのではないか？

安倍晋三、橋下徹という政治家に共通するのは「反対されるとムキになり、人の意見を聞かなくなる」「平気でウソがつける」「相手が弱小と見るや、暴力的言辞で追い込む」などである。

自分に反対する国会議員には「早く質問しろよ」とヤジを飛ばしたり、「(戦後レジームの基礎であり、それを変えると言ってるのに) ポツダム宣言を読んでいない」と開き直ったりする。

自民党、政府、官僚、メディアの劣化。そんな中で憲法違反の戦争法が強行採決された。実際の戦争を知らないリーダーたちが、この国の若者を戦場へと駆り立てる。そんな危険な未来を現実にさせてはならない。シリアやイラク、つまり戦争のリアルを見てきた者として、黙ってはおれない。この本はそんな危機感に突き動かされて書いたものである。

戦争のリアルと安保法制のウソ　〈もくじ〉

目次

第3章　【ルポ】レバノンからシリア内戦へ　53

第1章　「イスラム国」の正体を暴く

戦後アメリカに占領された2つの国

かつてイラクは「中東の日本」と呼ばれた。人々は勤勉で技術力が高く、大学まで教育費は無償だったので、学力レベルも中東トップクラスだった。首都バグダッドは「平和の都」と呼ばれていた。バグダッドが平和の都とは、今となってはブラックジョークそのものだ。

イラクと日本は、「戦後アメリカに占領された」という点でも似ている。日本の場合はマッカーサー率いるGHQ、イラクはポール・ブレマーのCPA（連合軍暫定当局）。アメリカが戦後の政治経済を動かしていた、という点では共通するが、その方法は真逆だった。

日本の場合、本来戦争責任を問われて裁かれるべき人々、例えば昭和天皇やA級戦犯に指定された岸信介氏らは処罰を受けるどころか、天皇は「全国各地の巡業行脚」でその責任をあいまいにすることを許され、裁判にかけられようとしていた岸信介氏や正力松太郎氏らは「早期釈放」されて政治の表舞台に復活した。つまりアメリカは戦前の体制をあえて壊さずに、戦後日本の骨組みを整えていった。なぜだろうか？

それはソ連に続き中国でも共産主義革命が起こり、日本を「反共の防波堤にしなければならなかった」からである。アメリカは燎原（りょうげん）の火のごとく広がっていく労働組合運動を弾圧し、活動家をパージ（追放）した。アメリカは当初「戦争国家ニッポン」の弱体化をめざしたのだが、民主化を進めすぎると日本に革命が起こってしまうので、「戦争犯罪者たち」を再びトップに据えることで基本的には「国体を護持」させたのだ。トップの戦争責任があいまいにされた結果、日本は「責任を取らない国」になった。

福島や東京オリンピックがいい例だ。

原発事故では、それを推進してきた東電や高級官僚、政治家たち、誰一人として罪にも問われず、刑務所にも入っていない。新国立競技場の予算は無責任に膨れ上がり、「偽造エンブレム」で世界から失笑を買っていても、責任者の辞任どころか、誰が本当の責任者なのかさえ、わからない。

巨額の利権獲得を狙ったアメリカ

一方のイラクはどうだったか？　イラクには大量破壊兵器はなかった。しかしブッシュ大統領（当時）は強引にイラク侵略戦争を開始して、フセインを打倒した。「イラクの民主化＝フセインの打倒」だとするならば、アメリカは目的を達したはずだ。イラクを安定させて、「民主化」させたければ、フセイン時代の有能な政治家、行政マン、軍人などを使って、まずは国家の建て直しを計るべきだった。しかしアメリカは日本と正反対のことを行った。アメリカは、約40万人ものイラク軍を解雇し、フセイン政権の幹部たちを追放した（図1）。

結果、イラクは無政府状態になった。空爆で破壊されたバグダッドの街を再建するにはゼネコンが必要だったが、イラクが無政府状態だったので、欧米のゼネコンがイラク復興費に群がった。この時、もし国家があれば、「イラクの企業を使え！」と言えたはずだ。南部や中部の良質な油田は、欧米の石油関連企業がその権益を押さえてしまった。有名なところではチェイニー副大統領（当時）が役員を務めていた石油会社のハリバートンや大手ゼネコンのベクテル、ライス国務長官（当時）が役員だった石油会社のシェブロンなどが「イラク復興」に関わっていった。つまり米ソ冷戦の時代が終わっていたので、イラクに「強力な親米政権」を作り上げる必要がなく、逆に無政府状態にすることによって、巨額の利権を一部の人々に転がり込ませたのだ。日本とイラクの違い、それは「すでに冷戦が終わっていた」ことと、「そこに石油があった」ことなのだ（写真1）。

（図1）アメリカはイラク軍と官僚たちを徹底的にリストラした

「イラクのアルカイダ」の誕生

そんなＣＰＡ（連合暫定当局）の占領政策に最も激しく抵抗したのはファルージャやラマーディー、モスルなどのスンニ派拠点都市だった。米軍は抵抗する人々を容赦なく殺戮、弾圧していった。この点は日本の労組や共産党などの抵抗勢力を弾圧した

（写真1）アメリカが空爆しなかったのは石油省だけだった

GHQと同じだ。違うのは空爆や銃撃戦で直接殺してしまうか（イラク）、下山、松川事件など謀略事件を起こして労働組合に濡れ衣を着せて弾圧するか（日本）だった。

イラクは暴力で弾圧されていった（写真2）。その結果、人々の間に反米感情が芽生え、アルカイダに共鳴する人が増えた。イラン・イラク戦争、湾岸戦争など数多くの実戦経験があるイラクの軍人たちは「戦争のプロ」である。そんな兵士たちが武器を持ったままリストラされ、故郷で米軍と戦うことを余儀なくされたのだ。

この頃に「イラクのアルカイダ」という組織が誕生する。首謀者はヨルダン人のザルカウィ。当初ザルカウィはビンラディンに忠誠を誓っていたが、やがて決別。簡単にいえば、ビンラディンはアメリカ本国を狙ってテロを起こすが、ザルカウィたちの「イラクのアルカイダ」は目の前にいる敵、つまりイラクを占領している米兵やシーア派の民兵たちをターゲットにして、その「領土」を広げていく。

（写真2）米軍は主にスンニ派の都市を壊滅していった

2004年4月、バグダッドのサドルシティーを取材した時のことである。私の通訳ワリードはスンニ派で、シーア派のサドルシティーに入ることを非常に恐れていた。しかし当時はまだスンニ、シーアの両派はそれほど憎み合っているわけではなかった。サドルシティーの入り口で、人々は私を見て「アジアン！　アジアン」と叫んだ。白人ではなくて「同じアジア人が取材に来たぞ、歓迎しよう」という意味だろう。人々は「日本は大好きだ。ウエルカム」と迎え入れてくれた。この頃、サドルシティーもまたアメリカの占領政策に反対してデモが起きていた。シーア派指導者ムクタダ・サドル師は、「アメリカを追い出せ！」とモスクで演説していた。米軍はサドルシティーを容赦なく空爆し、デモ隊には戦車砲を撃ち込んでいた（写真3）。

住民の怒りは最高潮に達していて、モスクからは「シーア、スンニの人々よ。団結せよ。団結してアメリカをイラクから追い出せ」というメッセージが拡声器を通じて流されていた。スンニ派通訳ワリードはホッとする

（写真3）当時はシーア派のサドルシティーも米軍に空爆されていた

とともに、この状況を彼の出身の街にも伝えると言っていた。そう、この頃は「アメリカが共通の敵」だった。戦争で粉々にされたバグダッドの街ではあったが、人々は米軍さえ追い出せば希望の光が見えてくると信じていた。

内戦激化の影に米軍の存在

事態が暗転するのは2006年2月。イラク中部の都市サマッラ。シーア派のアスカリ聖廟「黄金ドーム」での金曜礼拝。平和なイラクを願って祈っていた人、戦死した親兄弟の霊を慰めようとしていた人、愛する子どもの健やかな成長をお祈りしていた人もいただろう。そんな人々の願いをあざ笑うかのように巨大な仕掛け爆弾が炸裂。阿鼻叫喚の地獄の中で500人以上の人々が傷つき殺されてしまった。事件後、爆弾

（写真4）検問所では米軍の目が光っている。「わざと」スンニ、シーアの過激派にやらせたのか？

を仕掛けたのはスンニ派過激組織「イラクのアルカイダ」であると発表される。翌日、イラク全土で約50カ所ものスンニ派モスクが爆破されていく。シーア派の「報復」が始まった。やがてイラクはスンニ派、シーア派の血で血を洗う内戦に落ちていく…。

私にはスンニ派のワリード以外にシーア派、クルド人の通訳たちがいる。ネットと電話で彼らから事件について聞き出した。彼らは口をそろえて、「米軍が原因だ」と主張した。「イラクのアルカイダ」にわざとやらせたんだ、と言うのだ。

彼らの主張はこうだ。イラクには夜間外出禁止令が出ている。道路のあちこちには米軍のチェックポイントがあり、爆弾を持った過激派が通過すれば、米軍に捕らえられてしまうだろう（写真4）。

黄金のドームに爆弾が仕掛けられたのは、おそらく深夜のことだ。「イラクのアルカイダ」たちはどうして米軍の目を盗んで爆弾を仕掛けることができるのか？　さらに翌日、約50カ所ものスンニ派モスクが爆破された。今度はシーア派の過激組織が「やすやすと」爆弾を仕掛けたことになっている。前日に大規模なテロがあったばかり。米軍の警戒レベルは最高に引き上げられているはず。しかし今度もまた「やすやすと」爆弾が仕掛けられ、多くのスンニ派住民が犠牲になった。米軍はいったい何をしていたのか?

通訳たちの結論は「米軍はわざとやらせた」ということだった。かつて「スンニ、シーアは団結せよ」「アメリカを追い出せ」と叫んでいたモスクは、今や相手を殲滅するための拠点となった。かくして米兵たちは相対的に安全になった。当時、米兵の犠牲者が急増して、ブッシュ大統領(当時)は窮地に陥っていた。「イラクのアルカイダ」のテロによって内戦が始まり、結果としてイラク人同士の殺し合いとなり、米兵は助かったのだ。

バグダッドにはシーア、スンニ派が混住していた地区が多かった。内戦が始まり互いに殺戮されていくようになって、人々は逃げ出した。あれほど大規模なアメリカの空爆にも逃げ出さなかった人々が、スンニ、シーアの内戦では家を捨て、故郷を捨てた。バグダッドは、簡単に言えば、チグリス川から西側がスンニ派で、東側はシーア派しか住めない分断都市になってしまった。ワリード一家はチェコに逃げた。

「イラクのアルカイダ」からISISへ

2006年6月、「イラクのアルカイダ」のリーダーであるザルカウィが米軍によって殺害された。しかしイラク内戦は終わらない。いったん殺戮が始まると、内戦を止めるのは難しい。この頃のバグダッドは「朝起きたら死体が転がっている」状態で、バグダッドの遺体安置所には身元不明の遺体が山のように積み上げられた。別の通訳イサームが彼の住区で撮影した映像を送ってくれた。道路に遺体が転がっている。シーア派民兵に殺害されたのだ。近所の住民が遺体に段ボールをかぶせて、遺体が目に触れないようにしてくれている。その横に猫がいる。誰もこの遺体を安置する人がいないようだ。犬は遺体の味を覚えてしまった。この猫も遺体を狙っているのだろうか…（写真５）。

（写真5）路上に放置された遺体、この猫は遺体を狙っている？

ファルージャは「イラクのアルカイダ」に支配されていたが、住民たちは緊急避難的に「覚醒」という自警団を作った。イラクは部族社会である。部族長と米軍が合意して「覚醒」を組織し、米軍の武器を譲り受けて「覚醒」が「イラクのアルカイダ」を追い出したのだ。

「覚醒」の活躍もあって、ようやくバグダッドも安定期に入った。私は２００８年と09年にバグダッドを取材した。街はコンクリートの壁に囲まれた巨大な監獄都市になっていた。

ファルージャやラマーディー、バグダッドのスンニ派地区では自警団「覚醒」が治安を守っていた。追い出された「テロリストたち」は、イラク北部のモスルに逃げ込み、モスルがイラクで一番危険な都市になった。この頃、「イラクのアルカイダ」は、バグダディーという人物をトップ

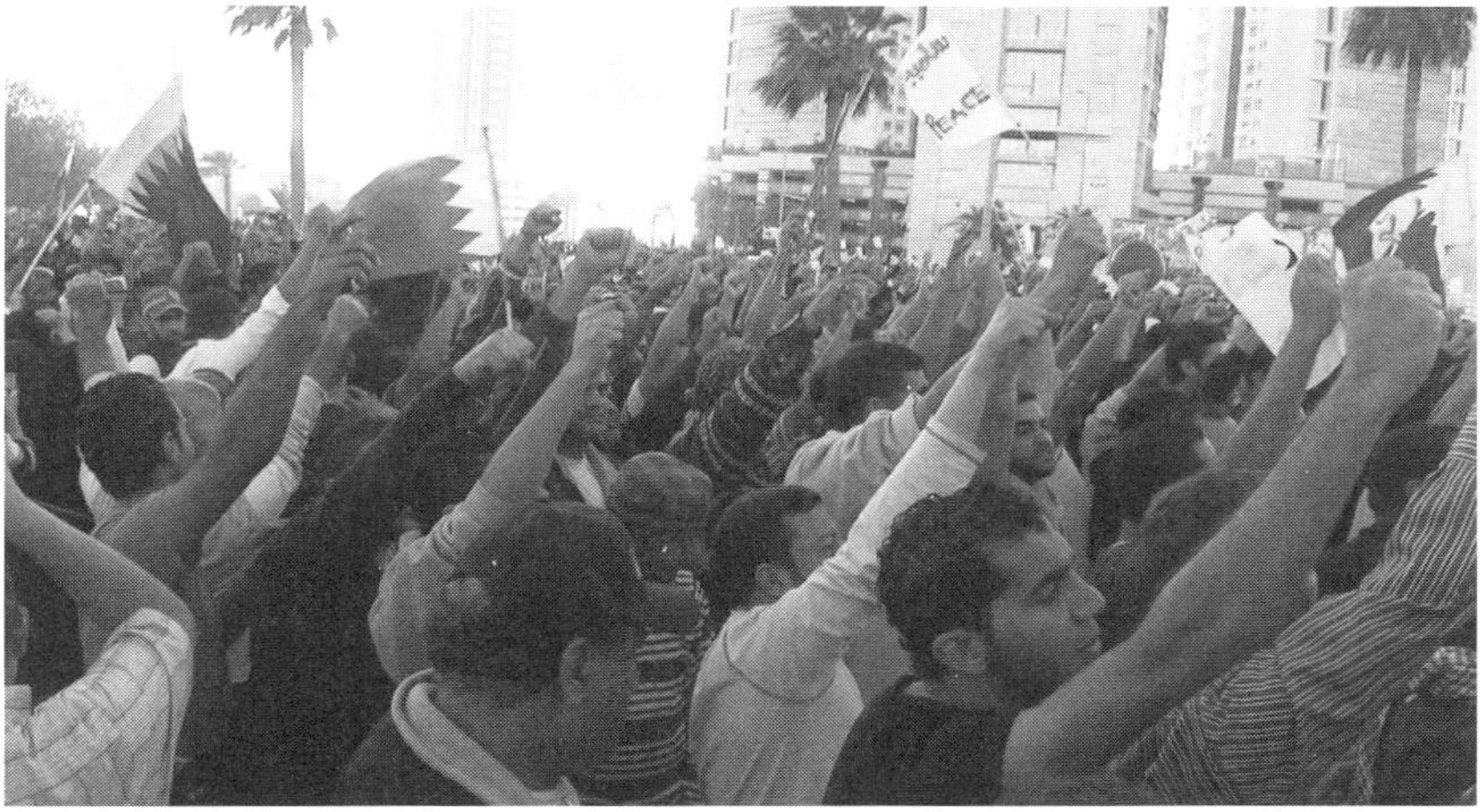

（写真6）独裁政権がデモ隊を殺害、シリアは内戦になり、バーレーンは鎮圧された（バーレーンの首都マナマにて）

に据え、ISISと名乗るようになった。しかしこの時点ではISISはそれほど目立った存在ではなかった。そう「アラブの春」がシリアに飛び火するまでは…。

「アラブの春」からシリア内戦へ

2011年1月、チュニジアに端を発した「アラブの春」は、エジプト、リビアの独裁政権を打ち倒した（写真6）。ビンラディンやザルカウィが行ったテロではなくて、民衆の平和的な抗議行動こそが、独裁政権を打倒できることを示した。これで中東の民主化が進むだろうと誰もが期待した。やがてこの「アラブの春」はシリアに飛び火した。

2011年3月16日、シリア南部の街ダルアーで独裁政権打倒のデモが起きる。アサド政権はこのデモを弾圧。デモはシリア全土に拡大して行くが、アサド軍は徹底的にデモ参加者を殺害、逮捕、拷問していく。「デモ隊を殺戮せよ」。この命令に背いた兵士は殺害される。アサド軍兵士たちは、泣きながら自国民を殺戮するか、軍

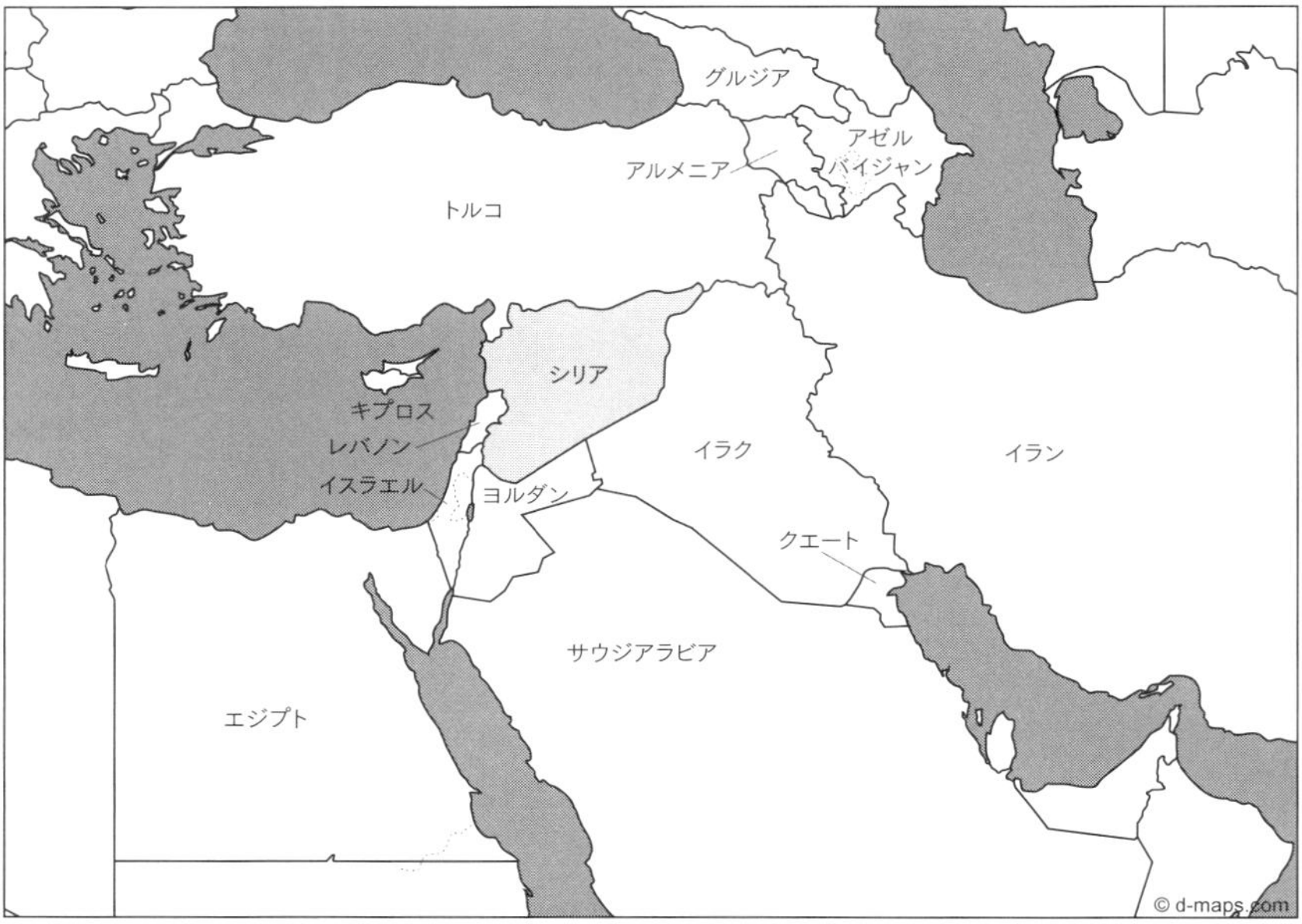

（地図1）ほぼ中東の真ん中に位置するシリア

隊からの脱走を試みて処刑されるか、厳しい判断を迫られた。

つまりこの時点ではデモ参加者も殺害する兵士たちも被害者であった。やがてデモ参加者とアサド軍脱走兵士たちが「自由シリア軍」を結成。こうして「シリアのアラブの春」は、内戦に転化した。

シリアの地図を見ると、この国が中東のほぼ真ん中に位置し、交通の要衝であることが分かる（地図1）。しかし地図だけでは分からない現実がある。実はこの国の東側は広大な砂漠で、人口は雨の降る西側に集中しているのだ。首都ダマスカス、シリアで最大の都市アレッポ、中部のホムスなどはすべて西側の肥沃な土地に栄えた歴史ある都。内戦が勃発するまでは、アサド政権は東側の砂漠地帯を含むシリア全土を支配していた。しかし自由シリア軍が攻勢を強め、アサド軍は追いつ

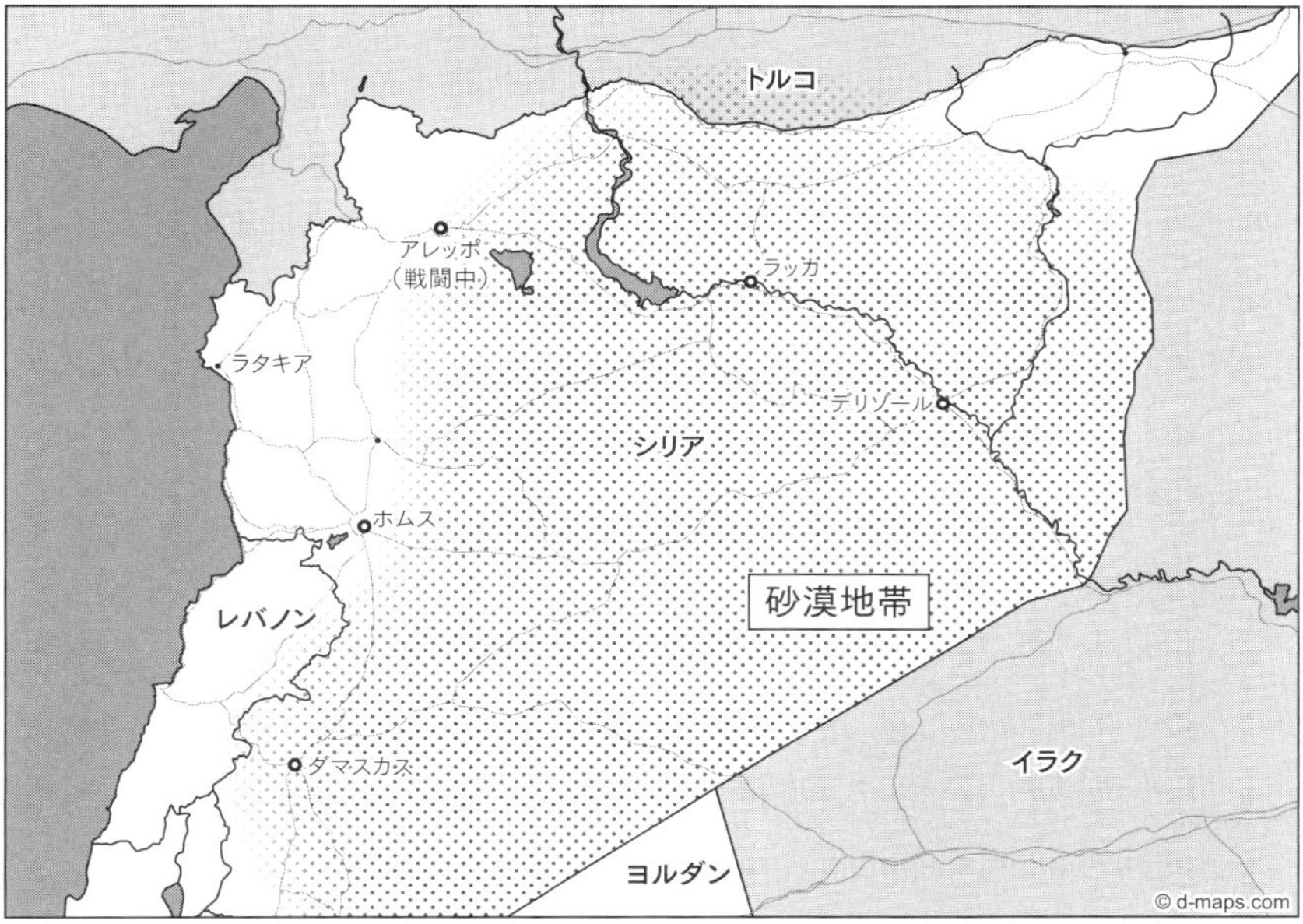

（地図2）国土の東側は広大な砂漠。人口は西側に集中している

められる。アサド軍は事実上「価値の薄い」東側の砂漠地帯を放棄し、アレッポやホムスでの攻防戦に集中するようになる。（地図2）

一方、サウジアラビア、カタール、トルコなどのスンニ派国家は「イラン（シーア派）に守られたアサドを倒すのならどんなスンニ派部隊でもOK」と、自由シリア軍はもちろん、アルカイダ系のヌスラ戦線、そしてISISにも資金と武器を流しはじめたのだ。泥沼の内戦の中で、シリアに集中する武器と資金。そして無政府状態になる東側の砂漠地帯。イラク生まれのISISはイラク側、つまり東側からラッカ、デリゾールなどユーフラテス川沿いの街を陥落させていった。ISISの支配地域を見ると、その事情がよくわかる。なぜアメーバー状に広がるか？　それはユーフラテス、チグリス川沿いには人が住めるが、広大な砂漠には人は住めない。だか

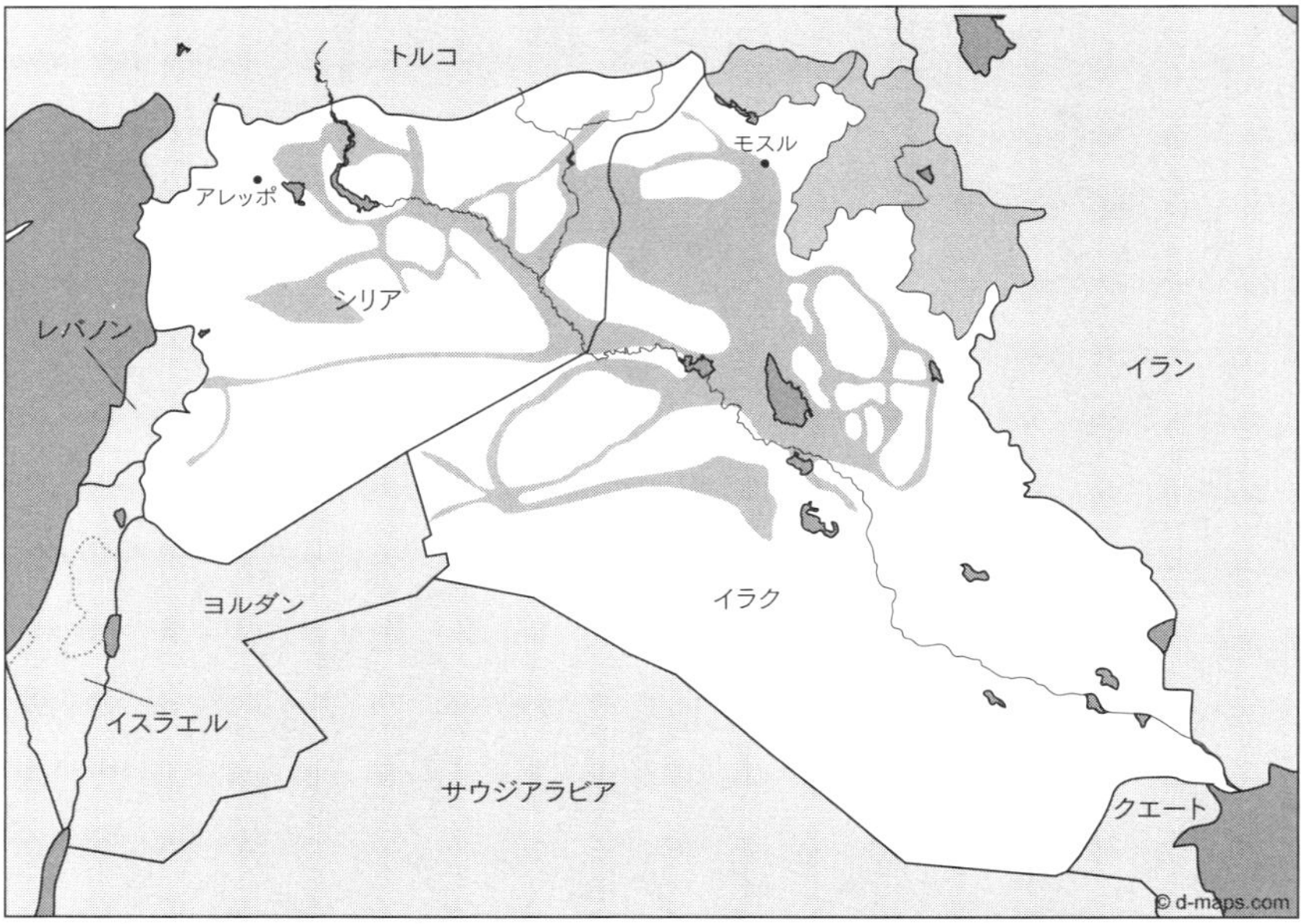

（地図3）ISの支配地域がアメーバー状なのは「川のある所」にしか人が住めないからだ

らこのような「国土」になるのだ（地図3）。

「イスラム国」（IS）に世界が驚愕

2014年6月、世界は驚愕する。何と「弱小テロリスト組織」と考えられていたISがイラク第2の都市、モスルをわずか1日で陥落させ、指導者であるバグダディーがカリフ（イスラム世界の統率者）を名乗り、自らを「イスラム国」（IS）、つまり国家の樹立を宣言したのだ。いったいなぜこんなことが？

カギを握る人物が当時のイラク、マリキ首相（写真7）。マリキ首相は隣国イランにコントロールされた「シーア派原理主義者」で、イラク軍とシーア派民兵をモスルに送り込み、「スンニ派狩り」を行った。

なんと、イラク軍は自国民であるモスルの人々を空爆し、殺害していったのだ。モスルの人々は自衛のためにイラク軍と戦っていた。そこに同じスンニ派のＩＳＩＳがやってきた。人々はＩＳＩＳが狂信的な原理主義集団と知りながらも、「目の前の敵」、イラク軍を追い出すために、ＩＳＩＳを受け入れてしまったのだ。

　モスルを陥落させ、ＩＳＩＳから「イスラム国」（ＩＳ）に名称を変更したテロ集団は、まずはモスルの銀行を強奪した。イラク正規軍が戦車や装甲車を乗り捨てて逃げていったので、それら戦利品はＩＳのものになった（写真８）。さらにはイラク中部の油田都市バイジが陥落し、ＩＳは莫大な油田収入を得るようになった。

　モスルでは恐怖政治が始まった。キリスト教徒は改宗を迫られ、拒否した人は処刑された。女性はベールの着用を義務づけられ、子どもは少年兵にさせられた。

　ＩＳの支配する油田からの収入は１日２億円に上ると言われ、３～５万人の兵士を持ち、約７００万人程度と推定される「国民」に税金までかけている。

　組織図を見てほしい（図２）。指導者のバグダディーは２０１４年米軍の無人機ドローンによる爆撃で重症を負った。彼はすでに植物状態、あるいは死亡している、

（写真7）マリキ前首相はイランにコントロールされた「シーア派原理主義者」だった

（写真8）米軍の装甲車がイラク軍へ。それがISに奪われ、クルド軍が破壊した（キルクーリで）

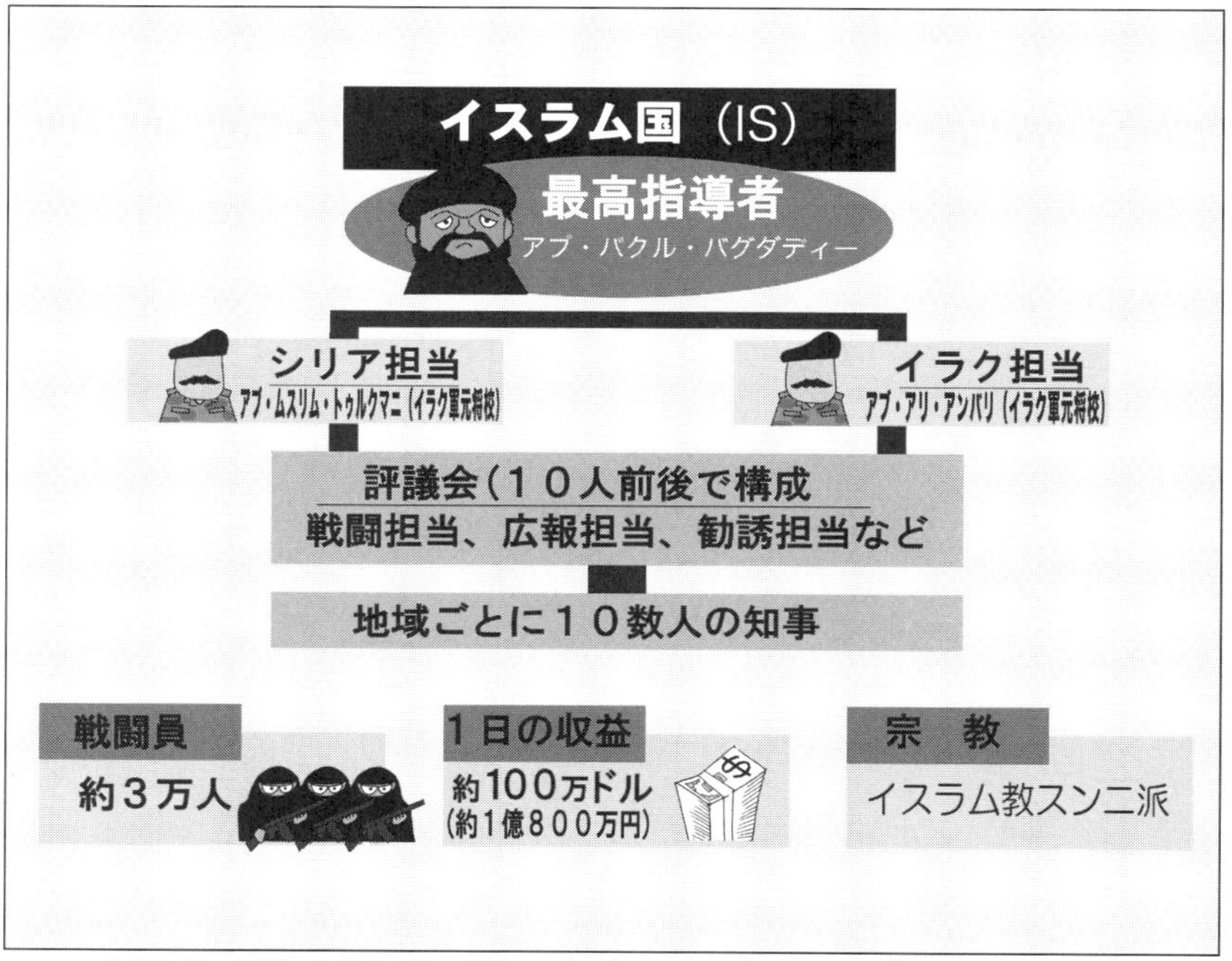

（図2）テロ組織でありながら、戦争のプロ（元イラク軍）と行政のプロ（元官僚）がいる

などの報道もあり、もはや「指導者」として復活することはないだろう。ＩＳはバグダディーに代わる後継者を決めている。彼が死亡すれば、すぐに次の指導者を表に出すつもりだろう。

つまりバグダディーやザルカウィなどは「飾り」で、いくらでも取り替えが効く。実際に戦争を取り仕切っているのが、イラク担当、シリア担当の元イラク軍将校である。その下に国会に相当する評議会があり、さらにその下に知事まで配置している。

つまりＩＳは残忍なテロ組織でありながら、疑似国家の形態を整えた。なぜこんなことが可能になったのか？

ＩＳ誕生の原因は米国のイラク戦争

原因はアメリカによるイラク戦争だ。前述したようにイラクを占領したＣＰＡ（連合暫定当局）は、イラク軍やフセインの官僚たちをリストラして失業させた上に、スンニ派の村を焼き払った。怒りに燃えた元軍人、元官僚たちがＩＳの前身組織「イラクのアルカイダ」に入ってしまったのだ。かくしてＩＳはテロ集団でありながら「戦争のプロ」、「行政のプロ」を抱えることができたのだ。

２０１５年1月20日、後藤さん、湯川さんの殺害予告動画が流された。日本のメディアは連日、ＩＳがいかに残酷な集団で、これまでも多くの人質を冷酷に殺害してきたことを伝えた。確かにその通り。ＩＳは狂気の集団と化していて、オレンジ色の囚人服を着せられた人質は、無慈悲にも殺されていく（写真9）。そして日本政府の「身代金は払わない」「交渉はやらない」という「見殺し政策」のために2人は「処刑」されてしまった。繰り返し報道されるＩＳによる残酷な殺害。後藤さん

（写真9）繰り返し報道されることで「恐怖だけ」が植え付けられた

が殺された後、安倍首相は「ＩＳに罪を償わさせる」「日本はテロには屈しない」と述べた。

しかし「狂気の集団」は突然降って湧いたわけではない。なぜこのような集団が出来上がったのか、なぜテロ組織がこれほど巨大化し、疑似国家まで成り上がったのか。新聞、テレビは報道しなければならなかった。しかし私の見た限り、ＩＳの歴史や巨大化について詳しく解説した記事や番組は少なかった。

なぜだろうか…？。それはＩＳの起源、その後の巨大化、組織の仕組みなどを詳しく解説すればするほど、「原因はアメリカのイラク戦争にある」ことがバレるからだろう。「なーんや、一番悪いのはアメリカやん」ということに国民が気づいてしまうと、「日米同盟の強化」やアメリカが攻められた時の、「集団的自衛権の行使」が空々しく聞こえ、安保法制の議論に水をかけてしまう。メディアが「イラクにおける10年以上続くアメリカの犯罪」に斬り込まなかったのは、アメリカと、そこに奴隷のように追随する安倍政権に配慮した結果であろう。

儲かる戦争の仕組み

２０１４年の夏から、米・仏をはじめとする「有志連合」がＩＳへの空爆を開始している。ＩＳやアルカイダ系組織がシャルリーエブド事件やチュニジアでの観光客襲撃事件など次々とテロ事件を起こすので、「有志連合」の空爆に反対する世論が世界的に盛り上がらず、結果としてテロとの戦いが「粛々と」継続されている。

これは「戦争ムラ（原子力ムラと同じ構図）」にとって好都合だ。２００３年のブッシュ大統領による強引なイラク戦争と比較してみよう。あの時、「ブッシュはわかりやすかった」のだ。アメリカは明らかにイラクを侵略しようとしている。なぜか？ そこに石油があるからだ。ブッシュは「イラクが大量破壊兵器を持っている」と言って戦争を始めた。当時から、これはウソではないかと疑われていたが、すぐにウソであったことがバレる（写真10）。日本の小泉首相（当時）は、無謀なイラク侵略戦争を１００％支持し、イラクへ自衛隊を送り込んだ。その結果、米、英、仏、日など世界中でイラク戦争

（写真10）Axis of liars（ウソつきの枢軸）と書かれたポスター（バグダッドで）

反対の大規模デモが起こった。「わかりやすい戦争」では、反戦運動が盛り上がり、結果として大統領は次の選挙で当選が危うくなり、「戦争ムラ」の本質が見破られてしまう。だから「わかりにくい戦争」の方が好都合。何だかよくわからないけれど恐ろしいISが登場してくれたおかげで、反戦運動が盛り上がることなく、戦争だけが延々と続いていく。

（写真11）「テロとの闘い」は儲かるのだ

当然であるが、空爆はIS兵士だけを選んで殺せるわけではない。IS支配地域に住む普通の住民を大量に巻き添えにしながら、ラッカやモスルを破壊している。1人の兵士を殺すのに10人の市民を巻き添えにすれば、殺された10人の家族から、ニューIS兵士が誕生する。空爆でISを壊滅させることは不可能。逆に反米感情が高まって、ISを強大にしてしまう。「空爆は逆にISを生き延びさせてしまう」。ではなぜアメリカは空爆にこだわるのか？

それは「戦争が儲かるから」だ。トマホークミサイルは1発数千万円（写真11）。劣化ウラン弾は50～100万円、オスプレイは1機56億円だ。こうした兵器は世界が平和になれば売れなくなる。大量に生産される武器を大量に販売するためには…。世界でテロとの戦いが続けばいい。

だから真実は逆なのだ。安倍首相は「そこにテロリストがいるから、テロとの戦いに参加する」と主張する。事実は逆で、「テロとの戦いをずっと続けたい人がいるから、ISを取り締まらずテロを起こさせた」のだ。

恐怖を煽ることで、軍事費だけが増えていく。安倍政権になって、社会保障や教育予算は削られていくが、防衛費だけは伸びている（図3）。戦争はいつも「自衛のため」といって始まる。そしていったん始まった戦争を終えることはたいへん難しい。だから戦争を起こさせないことが極めて大事で、そのためには一人ひとりの国民が「戦争ムラ」に騙されないことだ。この「戦争ムラ」の住民の中にはマスコミもいる。武器や原発の輸出で儲けようとする巨大企業、三菱重工や富士重工、東芝、NECなど強力なスポンサーに抱え込まれているからだ。

それでは「戦争とメディア」について考えてみよう。

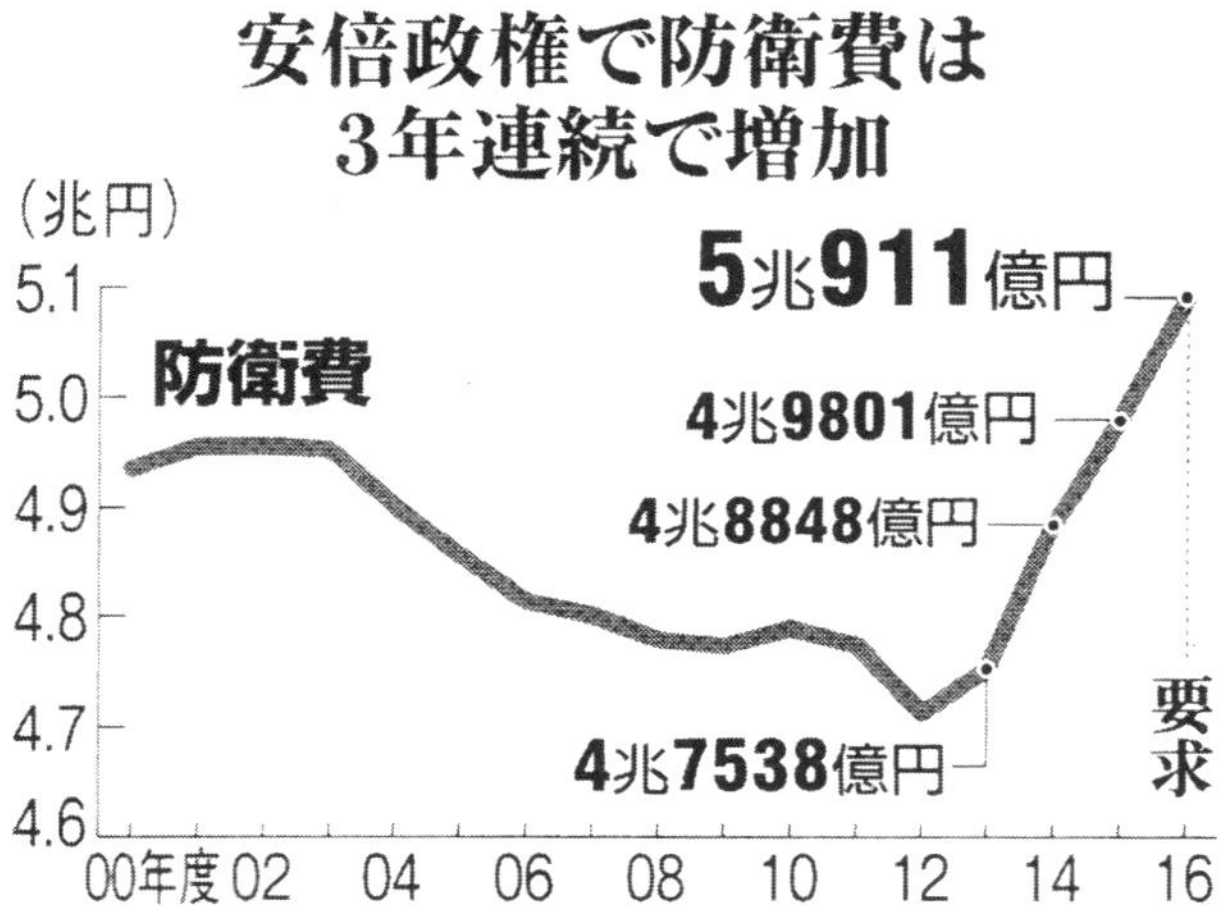

（図3）安倍政権になって軍事費だけが伸びている

「日本はアメリカの手先だ！」

2003年4月9日、アメリカはフセイン政権を打倒した（写真12）。テレビが緊急生放送に切り替わって、バグダッドのフィロードス広場を映し出す。米兵がフセイン像に星条旗をかけ、それがイラク国旗に切り

（写真12）本当に喜んでいるのなら、ここは「黒山の人だかり」になるはず
（撮影：Daily Mirror Gulf coverage／ゲッティイメージズ）

替わり、そしてフセイン像にロープがかけられ、装甲車が像をひき倒した。イラク人がパラパラと寄ってきて、子どもがスリッパでフセイン像をバシバシ叩く。アナウンサーが興奮して「イラク戦争が終わりました。これでイラクは平和になります！」と叫ぶ。その映像を見ながら、私は何か引っ掛かるものを感じていた。本当に戦争が終わったのだろうか？これでイラクは平和になるのだろうか…。

当時、私はまだ大阪の吹田市役所に勤めていて、休暇が取れなかったので、すぐにその「引っ掛かり」を確かめにいくことができなかった。休暇と旅費をためて、その年の11月にヨルダンから乗合バスでイラクに入った。乗合バスは、イラク・ヨルダン国境で一夜を明かす。イラクを夜間に突っ走るのは危険だという判断だろう、夜が明けて、バスは砂漠の一本道を突っ走る。広大な砂漠に片側3車線の立派なハイウエイ。フセインはこの国道を、いざという時に滑走路に使えるようにしていたのだ。あらためてイラクという国の底力を感じた。ハイウエイはところどころに穴があいていた。米軍の空爆だ。砂漠の中に迂回路ができていて、バスはのろのろと進む。そんな状態だったので、ユーフラテス川に到着したのは午後になっていた。

大きなカメラでバスの中から撮影を続けていた私に、乗客たちが「珍しいね、日本からか?」などと声をかけてくれた。フレンドリーな雰囲気だった。やがてバスはファルージャの停留所に止まり、若者が1人、降車した。バスを降りる時に彼は私を指差した。

「おい、日本人。お前は何をしに来た? 日本はアメリカの手先だ。日本人はこの国から出ていけ!」。彼はこう叫ぶと、きびすを返してバスを降り、ファルージャの市街へと歩いていった。恥ずかしながら、私はその時までファルージャという街の存在も、その街で何が進行していたのかも、詳しくは知らなかった。ただ呆然と若者の姿を眺めていた。

非難されるべきはアメリカの無差別空爆

バグダッドの街は粉々に破壊されていた(写真13)。空爆の威力は凄まじい。それまでボスニアやコソボで銃撃戦を見てきたが、トマホークミサイルの桁外れの威力を目の当たりにして、異次元の戦争、圧倒的な武力の差を感じた。

戦争被害を一通り取材して、帰国。日常の市役所仕事に復帰しながら、休暇と資金をためて、またイラクに戻ってこようと思った。

（写真13）米軍のミサイルで破壊されたバグダッドの電電公社

2004年4月、私は2度目のイラク取材を敢行した。1回目の取材でヨルダン人通訳のハリルと知り合ったので、彼の車でイラクの砂漠を突っ切った。4月5日、ファルージャでは米軍の空爆が始まっていた。あの若者がバスを降りた地点は、米軍が戦車で国道を封鎖し、低空飛行のアパッチヘリが民家すれすれのところを飛び回っていた。「映画みたいやな」

まさにリアルな戦争が進行中だったのだが、なぜか実感が湧かなかった。あのヘリが、罪なき子どもや女性を本当に撃ち殺すとは…。

その3日後、バグダッドをめざしてあの国道をタクシーで突っ走ってきた日本人3人が拘束される。拘束したのはファルージャの「自警団」のようなグループ。「米軍の空爆を止めたい」という思いから犯行に至ったのだ。誘拐するという行為は許されないが、そうせざるを得なかった背景、つまり米軍の無差別空爆

（写真14）フセインが倒されて、ちょうど1年後の「あの広場」は立ち入り禁止だった

こそ、非難されるべきだ。しかし日本では米軍の戦争を非難するよりも、捕まった3人が（私は被害者だと思うが）「自己責任！」とバッシングされた。米軍のファルージャ空爆があと数日早く始まっていたら、激怒したファルージャの人々は、まず私を捕まえたかもしれない。とても人ごととは思えなかった。

フセイン政権崩壊を心から喜ばなかった市民

何とか無事にバグダッド入りした私は、さっそく街の取材を始めた。バグダッドの路上には戦争被害者があふれていた。

4月9日、通訳のハリルとワリードを従えて、私はフィロードス広場に向かった。フセイン像が倒されてちょうど1年。あの広場で何かが起こる。そんな期待と不安がないまぜになった興奮状態。

しかし広場へと続く道は立ち入り禁止になっていた。周囲は鉄条網で取り囲まれ、米兵がにらみを利かせている（写真14）。えっ何で？

「あの広場を開放すれば、イラク人が集まってくる。フセイン打倒1周年で集まった群衆は、すぐに大規模な反米集会に転換する。米軍はそれを知っているから、広場を封鎖したんだ」。通訳ハリルの言葉にワリードもうなずく。実際、バグダッドの人々は、「フセイン、バッド。アメリカ、ワースト（フセインは悪かったが、アメリカは最悪）」と語っていた。封鎖された広場をバグダッド市民が眺めている。若者たちにインタビューした。

「1年前、フセイン像が倒された時に、君たちは広場にいたの？」

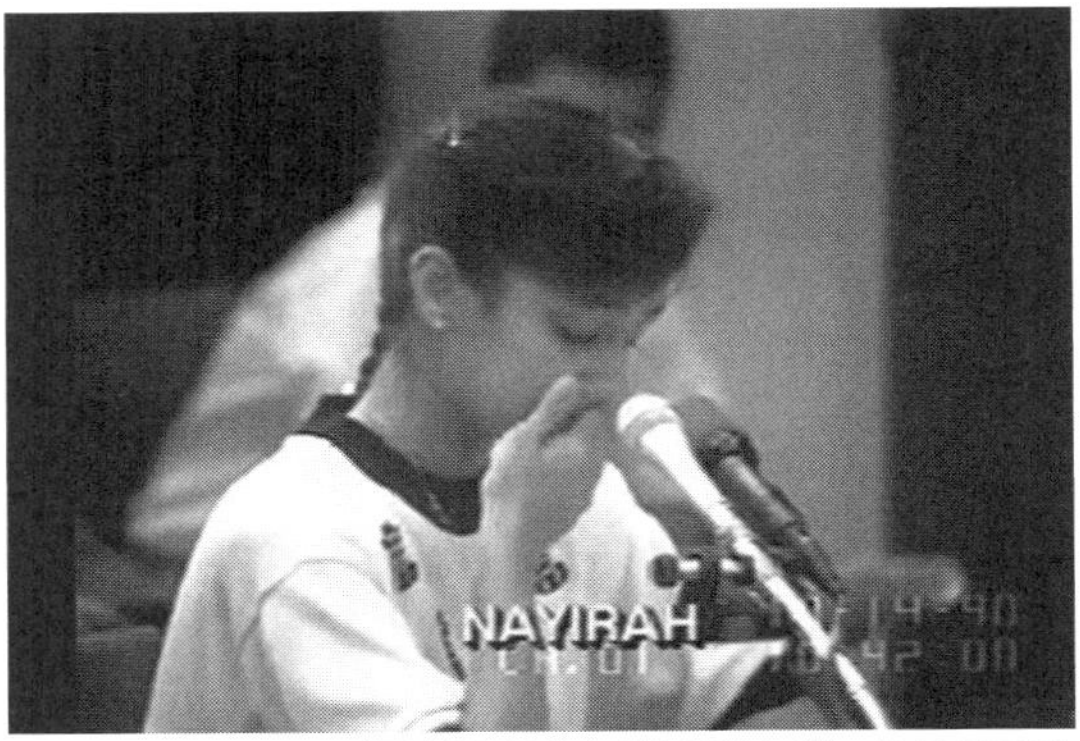

（写真15）フセインの「悪事」を泣きながら訴えたが…（©C-SPAN）

「行かなかった。ここで米軍が像を倒すのを見ていた」

「なぜ行かなかったの？」

「確かにフセインには問題があった。でも米軍はフセイン以上にイラク人を殺した。そんな米軍を歓迎できるわけがないだろ」

そう、1年前テレビを見ながら感じた「引っ掛かり」はこれだった。もしバグダッド市民がフセイン政権打倒を心から喜んでいるのなら、あの広場は阪神タイガースが優勝した直後の大阪ミナミになっていたはず。黒山の人だかりで、チグリス川に飛び込む人が出てきてもいい。しかしテレビに映っていたのは市民の数よりも米兵とメディア記者の方が多いくらいだった。像が倒され、子どもがスリッパでペタペタ叩く映像は、繰り返し流された。「これでイラクは平和になりました！」。アナウンサーは絶叫した。

それから1年後。「封鎖されたあの広場」も、苦々しげに広場を取り囲む人々の姿もメディアには流れなかった。たった1年しか経っていないのに、世界は急速にイラクを忘れていったのだ。

ウソで始まる戦争と原発

1991年の湾岸戦争でも様々なウソが散りばめられた。在米クウェート大使の娘で、15歳の高校生だったナイラは米国議会の証言台に立った。「フセインが指揮するイラク軍がクウェートを攻めて来て、病院の保育器に眠る赤ちゃんを、冷たい床に放置して皆殺しにした」。少女は涙ながらに訴える(写真15)。証言はテレビを通じて全米に拡散する。同時期に「油まみれの水鳥」の写真が大々的に報道される。フセインがわざと油を流出させ、ペルシャ湾を環境破壊している、と。当初は戦争に反対していた人々も、「仕方がない。フセインがひどすぎる」「この戦争だけはやらねばならない」と戦争肯定に傾いていく。そんな世論の後押しを受けた父ブッシュ政権が多国籍軍を形成、湾岸戦争に突入する。

戦争が終わって、1年以上が経過した。少女ナイラは、アメリカ生まれアメリカ育ちで、ク

(写真16)「油まみれの水鳥」も米軍の仕業だった
(撮影:Laurent VAN DER STOCKT/ゲッティイメージズ)

（写真17）「私はシャルリー」全仏で370万人がデモに参加（撮影：Marc Piaseck／ゲッティイメージズ）

ウェートにはいなかったことが判明する。涙ながらの証言はねつ造だった。証言の台本を書いたのも、泣く演技の指導をしたのも、ヒルアンドノールトンという広告会社だった。クウェート大使の父親はさすがに責任を追及され、失職した。しかし湾岸戦争で殺されたイラク人の命は戻ってこない。油まみれの水鳥の写真は、後に米軍がタンカーを誤爆したためであることが判明した（写真16）。真実が明らかになった時はすでに戦争が終わっていたので、劣化ウラン弾、トマホークミサイル、戦車、軍艦、戦闘機などが販売された後だ。戦争と原発はウソで始まるのだ。

シャルリーエブド事件にほくそ笑むフランス産軍複合体

記憶に新しいのはシャルリーエブド事件だ。

2015年1月7日フランスのパリ、週刊新聞社シャルリーエブドに覆面をした男2人が突入し

（写真18）日本を含む40カ国の首脳がデモに参加した（撮影：Dan Kitwood／ゲッティイメージズ）

てきて、編集長、風刺漫画家、コラムニストなどが射殺され、その後、警察との銃撃戦でイスラム教徒の警官も犠牲になった。この事件の直後、別の容疑者が警官を射殺し、ユダヤ系の食品スーパーに立てこもる。そして人質4人が射殺された後、この男も殺された。シャルリーエブドを襲った犯人は兄弟で、印刷会社に立てこもっていたが、この2人も射殺された。犠牲者は合計で17人、犯人は3人だった。1月9日に事件は収束、フランスのオランド大統領は「テロに屈するな」と声明を出し、壮大なデモを呼びかけた（写真17）。

1月11日、「私はシャルリー」と書かれたプラカードがパリの町を覆った。そしてこの日のデモには、キャメロン英首相、メルケル独首相、イスラエルのネタニヤフ首相など40カ国の首脳もデモの先頭に立った（写真18）。

しかし、この40カ国の首脳は、デモの先頭に立っていたのではなく、隔離された空間で、後方の警備員（デモ参加者に見えただろう）に守られた状態での「行進」であった（写真19）。首脳たちは「デモをしたふり」をしたのだ。

冷静に事態を振り返ってみよう。

（写真19）首脳たちは「デモをしたふり」をした。後ろで「群衆」に見えた人々はガードマンだった。
（イギリス、インディペンデント紙電子版2015.1.12　より）

フランス憲法35条

フランス憲法35条2項は、「フランス政府は軍隊を海外に派兵する場合、遅くとも3日以内に国会の承認を得なければならない」と規定している。逆に言うと、フランスは1回目の海外派兵について、国会の決議は不要。ただ通知すればいい。

問題は次の35条の3項だ。「軍の派兵が4カ月を超える場合、政府はその延長決議を国会に提出し、承認を得なければならない」。つまり「最初は緊急的に派兵できるが、4カ月後に立ち止まって考えよう」ということだ。

フランスがアメリカと一緒になってISへの空爆を始めたのは2014年9月19日。4カ月を足してみよう。その期限は2015年1月18日。

2015年1月時点で、オランド大統領の支持率はわずか15％。ISへの空爆で軍事費が浪費され、福祉や教育予算などが削られていく。アフガンでも仏軍は多大な犠牲を出していて、「戦争はダメだ」「オランドは空爆をやめろ」という世論が高まりつつあった1月7日、絶妙なタイミングでシャルリーエブド事件が発生した。

「テロに屈するな」「これはフランスの911事件だ」。オランド大統領は国民にデモを呼びかける。全仏で約370万人、パリだけでも約160万人の人々が集会に参加した。そして「40カ国の首脳たちがデモの先頭に立った」と報道された。

オランド大統領の支持率は急上昇し、デモの2日後、1月13日にフランス国会はISへの空爆延長決議を、賛成488、反対1、棄権12で通過させてしまう。後日イギリスの新聞社が、「引いたところから撮影した」デモの写真を公開する（写真19）。首脳たちは「デモをしたふり」をしたのだ。後ろにいたのは「群衆に見せかけたガードマンたち」だった。しかし、大マスコミで報道されたのは写真17、18だけで、19が報道されることはなかった。

アメリカの陰に隠れて目立たないが、フランスも武器輸出大国なのである。フランスの軍産複合体は、シャルリーエブド事件でほくそ笑んでいるのかもしれない。ISへの恐怖を煽れば、「テロとの戦い」を際限なく続けることができて、巨額の利潤が「武器メーカー」「そこに融資している銀行」「株式を保有する投資家」たちに転がり込む。

だまされず冷静に事実を分析する

一連の事件で、犯人の兄弟が車を乗り捨てて逃げていくとき、たまたま警備していた警官を射殺するシーンがテレビで流れた。
その動画がYOU TUBEで流れている。これを見る限り、犯人はこの警官を射殺していないよ

(写真20) はたして銃弾は当たっているのか…

うに見える。頭などに当たっていれば出血が見られるはずだが、血は流れていないようだ(https://www.youtube.com/watch?v=_9Umnxv5TWc)。至近距離でAK47ライフルを撃ち込んでいるが、弾は道路に当たっているようにも見える。ではこの警官はどうなったのか?(写真20)。

2015年8月、私はパリを取材した。パリの地下鉄は複雑で、乗り換えごとに迷いながら「リシャード・ルノアー」という駅で降りる。地上に出ると見慣れた町並み。テレビで繰り返し流された映像、風景が広がっている。

スマートホンの位置情報にシャルリーエブド社の住所を入れて、社屋ビルを探す。同じような色と形のマンション群を行く。パリのビルは階段ごとに番号が付いていて、スマートホンは6番、10番階段のビルを指し示す。しかし実際のシャルリーエブド社は向かいのビル、15番階段だった。インターネットが間違っていたのだ。

犯人の兄弟もまた、最初6番、10番階段を襲撃しようと中に入ってく。恐怖に駆られた住民が、「シャルリーエブドはあっちよ」と15番を指差す。間違いに気がついた犯人たちが向かい側のビル、15番階段から侵入し、ちょうど編集会議中だったコラムニストや編集長など12名を殺害した。

つまり、「犯人たちも事前にビルを確認せず、インターネットの位置情報で襲撃した」と考えられる。世界を震撼させた大事件なのに「事前に現場を踏んでなかった?」。そうだとすれば、犯行の巨大さに比べて、この計画の杜撰さはなんだ!

(写真21) 英雄だった警官の射殺現場には、花も追悼の碑もなかった

警官の射殺現場へ行く。通報によって駆けつけた警官アフメド・メラベさんは犯人たちと路上で銃撃戦になる…。繰り返し流された映像を頼りに、射殺現場を探す。ビル前の路地を抜けて大通りへ。この通りはビルから見て右行き一方通行。通行人に聞く。「ここで殺されたの?」「あー、そんな事件もあったわね」。まだ半年しか経ってないのに、この関心の低さは何だ? 通りの背後は公園で、公園を抜けると左行き一方通行。つまりここは「広い道路の中央に公園を挟んでいる」という構造だった。左行き大通りに出て、戻るように歩く。あった! 広告掲示板に、背後の信号。

殺害されたメラベさんはイスラム教徒。「私はシャルリー」ではなく「私はアハマド」というポスターも現れた。「フランスの英雄」が殺害された現場は今、花もなく追悼の碑もない。掲示板だけがあの日と同じように、広告を動かせている(写真21)。

あの映像はどこから撮影されたのだろう？　シャルリーエブド社からでは、公園の植林と他のビルが邪魔をして見えない。誰が撮影したのだろう。なぜ現場には献花も追悼の碑もないのだろう？

次にパリの地下鉄を乗り継いで、郊外の「セントマンデ駅」へ。地上に出る。大通りの両サイドに、おしゃれなレストランと新築マンションが並ぶ。ここはすでにパリ市ではない。大阪で言えば、吹田市の江坂、堺市の中百舌鳥駅前といった感じか？　そんな「おしゃれな町」の一角にその店はあった。ＢＡＫＡＲの看板と牛の絵、ユダヤ系食品スーパーだ。

２０１５年1月9日、シャルリーエブド事件に呼応するかのように、この店にアメディ・クリバリ容疑者(32)が立てこもり、店内にいた4人の人質を射殺した。彼はＩＳに共鳴したテロリストで、その内縁の妻アヤット・ブーメディエは事件後シリアに逃れ、今はＩＳの「首都」ラッカにいる。

スーパーは営業を再開しているのだが、訪問日がユダヤの休日である土曜日であったためお休みだった。スーパーの前には犠牲になった4人の顔写真と献花、そしてローソクでダビデの星がかたどられている(写真22)。

シャルリーエブド社にほど近い路上で撃ち殺された警官、アハメド・メラベさんの殺害現場には、写真も献花もなかったが、ここには一目でそれと分かる追悼の品々が並べられていた。ここでは「本当に」4人が殺害されたのだろう。やはりメラベ警官は「あそこでは」射殺されていないのではないか？　同じ「英雄」なのに片方は献花、片方には何もなし。違和感が深まる。

そもそも犯人は刑務所で知り合い、イスラム過激思想に染まっていったといわれている。ＩＳの首

（写真22）ユダヤ系食品スーパー前に殺害された方々の遺影と献花が、ここでは「本当に」殺害されたのだろう

諜者とされるバグダディ容疑者もかつて米軍の刑務所に収監されていた。

「フランスの公安警察は優秀なはず」である。犯人たちの会話は盗聴もできるはずだし、メールも盗み見しているだろう。はたして「犯行を未然に防ぐことはできなかったのだろうか？」

シャルリーエブド事件の真相は当分謎のままだろう。例えば1963年のケネディー大統領暗殺事件。犯人はオズワルドだと言われたが、そのオズワルドはすぐに射殺されてしまう。時代が下り、今では「オズワルドではない」ということが分かっている。では誰が？

ケネディーはベトナム戦争終結に向けて動き出していたと言われる。暗殺され、後を引きついだジョンソン大統領はベトナム戦争を継続拡大していく。

この事件の真相はわからないが「死の商人」にとっては、「おいしい状態」が続いたのは確かなことだ。

冷静に考えてみよう。

2015年1月7日、シャルリーエブド事件の発生。

（写真23）犯行の前日まで住んでいた犯人のアパート。仏警察が事前にここを「ガサ入れ」することはなかった

1月20日、後藤さん、湯川さん事件が続き、結局2人は殺害されてしまう。3月8日、北アフリカのチュニジアで観光客が襲撃され日本人を含む19人が惨殺される。その他、各地域でISを名乗る事件が続発する。世界は「テロとの戦い」モードに入り、日本では「北朝鮮や中国が攻めてくるぞ」という脅しとともに、「ISがテロをするかもしれない」という根拠なき恐怖心が煽られ、安保法制という名の戦争法案が強行採決されてしまった。「テロとの戦いとは何か」「テロをなくすためにはどうすればいいのか」などの具体的で冷静な議論こそ必要だったのに…。もう一度強調したい。「戦争と原発に関しては、政府はウソをつく」ことを。

騙されず冷静に事実を分析していかねばならない。

第2章 戦争のリアル、安保法制の虚構

911事件への疑問

2011年9月11日、アメリカ、ニューヨークの高層ビルに2機の飛行機が突入する。その後ビルは「爆破解体されたかのように」崩落し、その他2機の事件とあわせて、約3千人の尊い命が奪われてしまった。911事件直後、ブッシュ大統領(当時)は、「これは戦争だ。世界はアメリカにつくのか、テロリストにつくのか」と叫び、犯人はビンラディンだと決めつけた。ビンラディンがアフガニスタンに逃げ込んでいて、彼をかくまうタリバンも同罪だという。ビンラディンのアルカイダ19人だけであの事件を起こし得たのか、飛行機が当たっていないWTC第7ビルが、やはり「爆破解体されたかのように」崩落したのはなぜなのか、アメリカは本当に事前にあのテロ情報をつかんでいなかったのか、疑問はいっぱいあるが、仮にそうだったとしよう。ここで根本的な疑問が浮かぶ。あくまで911はテロ事件だ。そうであるなら、犯人の逮捕、処罰などは報復の戦争ではなく、警察の捜査とその後の裁判で解決するべきではないのか？

集団的自衛権行使で各国が参戦

アフガン戦争は、アメリカの個別的自衛権で始まった。英、仏、独、伊、カナダなどは米国への集団的自衛権を行使して、戦争に加わった。日本は平和憲法があったので、集団的自衛権を行使せず、直接戦闘には加わらなかった。

その後どうなったか?

当初、アメリカの同盟国は戦争の後方支援に回っていたのだが、国連で決議が採択され集団的安全保障の枠組みが出来上がると、英・仏・独など同盟国は戦争の最前線に立つことになった。それから14年が経過し、英・仏・独などの兵士1千人以上が殺された。

2001年の時点で、日本は平和憲法の縛りがあって、集団的自衛権を行使することができなかった。自衛隊はアフガニスタンの大地を踏むことはなく、誰も殺してこなかったし、殺されなかった。アフガニスタン市民の多くが、私が日本人だと分かると、「日本はOK。誰も殺していないからね」と言ってくれた。

ためらわず撃つ状況に

2010年10月、私はアフガニスタンのカンダハルを取材していた。空港から市内への一本道は、通称「仕掛け爆弾通り」と呼ばれていて、タリバンの路肩爆弾で米軍やNATO軍に多数の死傷者が出ていた。こんな危険な道は一刻も早く通り過ぎてしまいたい。通訳も私も急いでいた。前方に米・カナダ合同軍の車列が現れた。戦車や装甲車がのろのろと進む。「抜き去ってしまおう」。私たちはスピードを上げて車列に近づいていった。その時…。ピカッと緑色の閃光が車内を突き抜けた。

カブールで遭遇した自爆テロ直後の様子。米兵が現場検証にやってきた

「停車！」通訳が叫び、ドライバーが急ブレーキを踏む。米兵が緑のレーザー銃を放ったのだ。「我々は接近しすぎた。止まらなければ、次は赤が来る」「それでも止まらなかったら？」「間違いなく撃たれる」

緑で注意、赤で警告。それでも近づいてきたら撃つ。これが米軍の「ルール」だった。そんな「ルール」を知らないアフガン人たちがこの14年間でたくさん撃ち殺されてしまった。

もし戦場に自衛隊員が立てば、隊員はためらわず撃たねばならない。だから今、自衛隊は米軍と共に「ためらわず引き金を引く」訓練をしている。戦場では一瞬の躊躇が命とりになる。

首都カブールで、自爆テロに遭遇したことがある。高級デパート前での若者の自爆。ガラスが粉々に砕け散って、鉄骨がむき出しになっていた。デパート正面玄関には、犯人の頭がごろっと転がり、向かいの道路には彼の右手がボトッと落ちていて、駐車していた車のフロントガラスには、腸がベチャッと貼り付いていた。10分ほどして4人の米兵がやって来た。兵士たちが現場検証を始める。野次馬が集まってきて、現場は黒山の人だかりとなった。

「そろそろヤバイな」。通訳と私は目で合図して現場を離れた。

「危なくなったら撤退」はありえない

最近のテロは手が込んでいる。最初の1発目を爆発させる。米兵や野次馬たちが集まって来る。現場にはあらかじめ2発目が仕掛けられている。そして2発目は携帯電話で起爆するようになっている。物陰に潜んだ犯人は、米兵が爆弾に近づいた時に胸ポケットから携帯を取り出す…。ドーンという大轟音とともに多くの命が奪われる。もし自衛隊が戦地に行けば、現場検証は自衛官の任務だ。軍服は目立つ。そして敵とみなされる。自衛隊員は確実に殺されてしまうだろう。

安倍首相は「危なくなったら自衛隊を撤退させる」と言う。そんなことが可能か？

今回の「戦争法」で、自衛隊は米軍の後方支援をすることが可能になった。政府は「弾薬を運ぶことができる」と答弁している。

米軍とタリバンの間で銃撃戦が勃発したとする。自衛隊は最前線まで弾薬を運ぶ。タリバンはロケット弾を持っているので、当然、後方支援（実は兵站というのだが）の自衛隊トラックを狙うだろう。

最近の迫撃弾、ロケット弾は、トラックはもちろん、装甲車の分厚い鉄板でさえ、貫いてしまう。米軍への弾薬補給路は、多くの場合、一本道の国道で、周囲に障害物もないから、狙われても逃げようがない。

そのような攻撃で、仮に数十人の自衛隊員が犠牲になったとしよう。そこで「危なくなったから、もう弾薬は運びません」と撤退すれば…。米軍は激怒するだろう。弾薬が補給されなければ、前線の米兵は間違いなく殺されてしまう。

これは明らかな「敵前逃亡」で、「同盟国」としての信頼は瓦解する。「そんなことなら最初から派兵するな！」と叱責されてしまうだろう。つまり「後方支援だから大丈夫」とか「危なくなったら撤退すればいい」というのはあり得ないことなのだ。

米軍はアフガンでNATO軍の指令塔になったが、米国の戦争は「1つの都市を任せる」方式。英国はヘルマンド、カナダはカンダハル、独はクンドゥズ、仏は…。その結果、英453、カナダ158、仏86、独54…。米国以外で1千人以上の兵士が戦死した。英国に次いでカナダに戦死者が多いのは、激戦地カンダハルを任されたためだ。若きカナダ兵たちは、あの「仕掛け爆弾通り」をどんな気持ちで通行していたのだろう。ちなみにカナダをはじめとする同盟国は「危なくなったから撤退」させてもらえなかった。ずるずると14年間も「付き合わされた」のである。これが「戦争のリアル」だ。

14年間の大失敗作戦

米国が進める「テロとの戦い」はいわば北風政策だった。アフガニスタン、パキスタンへの空爆を14年間繰り広げてきたが、結局タリバンは掃討されず、むしろニュータリバンが急増して勢力を復活させてしまった。

カブールの難民キャンプで取材した一例を挙げておく。

その日も、米軍戦闘機が2機、村の上空を通過していった。その日は、たまたまタリバン兵が2人、村に潜んでいて、彼らが米軍戦闘機にロケット弾を発射した。ロケット弾は当たらなかったのだが、米兵は攻撃されたことを察知する。戦闘機はUターンしてきて、村ごと空爆していった。タリバン兵がどこに潜んでいるか探すわけでもなく、地上部隊が逮捕することもなく、村ごと焼いてしまうのだ。結果、2人のタリバン兵を殺すのに50人の村人が犠牲になる。生き残った村人は難民となった。

当然、反米感情が高まる。親を奪われた若者たちが、報復の感情を抱き、ニュータリバンとして銃をとる…。簡単に言えば、これがアフガニスタンで繰り返された「テロとの戦い」の14年間だった。その結果、今のアフガニスタンはどうなったか?

「タリバンの方が強くなってしまった」のだ。アフガニスタン軍が支配できるのはカブールなどの主要都市だけで、地方都市の多くはタリバン勢力が優勢だ。米軍は無人機ドローンでアフガニスタン・パキスタン国境を空爆してきた。その結果、今や隣国パキスタンにも「パキスタン・タリバン」が結成され、このグループが女学校に通うマララ・ユスフザイさんを銃撃した。「女性は勉強してはならない」という「理由」で。

マララさんを直接銃撃したのはパキスタンタリバンである。しかし彼らをそこまで追い込んだのは米軍の空爆だ。つまりマララさんを「間接的に襲撃した」のは米軍の無人空爆だ、と言える。

つまり14年に及ぶ米軍の「テロとの戦い」は、米国にもアフガニスタン、パキスタンにも深い傷を与え、双方が疲弊する「大失敗作戦」だったのである。

解決の道は太陽政策に

アフガニスタンでの教訓を全く無視するかのように、今、米軍と有志連合はイラクとシリアで空爆を継続している。イスラム国を支持しない若者たちも、家や親を奪われれば、「ニューイスラム国」になっていくだろう。

ではどうすれば？

事態を解決するには太陽政策しかない。シリアもアフガニスタンも長年の戦争で国民生活はズタズタだ。食料は届かず、電気もきれいな水も不足している。まずは難民たちに食料を届けることだ。人間、腹が減っている時は怒りが増幅される。曲がりなりにも食料が届き、満腹になれば、怒りは緩和される。シリアもアフガニスタンも冬は凍りつく。雪の中、テントで震えている若者と、とりあえず仮設住宅が建って、毛布が支給されたので凍え死ぬことのない若者とでは、どちらが自爆テロに走りやすいか？

それはテントで震えている若者だ。「明日は吹雪だ。俺は死ぬかもしれない。同じ死ぬのなら、この爆弾を身体に巻き付けて米軍と心中してやれ」。つまり命が軽いと、自爆テロは起こりやすい。仮設住宅で毛布にくるまって眠る若者は、明日への希望が持てる。命を粗末にするのではなく、将来への夢のために今を生きることができる。

学校も大事だ。アフガニスタンでは、子どもたちの約半分は文字が読めない。もし新聞が読めたら、「米軍の空爆で数十人の市民が殺された」という記事も「タリバンやIS国が女性を公開処刑し、若者を自爆テロリストに育てている」という記事も読める。文字が読める若者は、米軍の空爆もダメだが、タリバンやIS国のテロもダメだと考える。戦争を止めるにはまず、①飢えないこと、②住居が定まること、③文字の読み書きができるようになること。そして「できるだけ貧富の差をなくすこと」が大事だと思う。

なにより安倍内閣を倒すこと

日本はこれまで曲がりなりにも太陽政策、つまり平和外交で信頼を得てきた。歴代自民党政権は、米国に従属しながらも、「平和国家ニッポン」のブランドを守って人道支援に徹してきたのだ。安倍内閣になって、日本は急速に「北風政策」に転換している。「北風政策」では、アフガニスタンもシリアも米国も幸せにならなかった。旅人はコートを脱がず、北風を吹かすために多額の税金が浪費された。どちらも不幸な歴史だった。どうすればいいか？

答えは単純。「安倍内閣を倒すこと」だ。安倍内閣は、平和を願う多数の国民の声を無視して戦争法案を強行採決した。しかしあきらめてはいけない。民主党、共産党、維新の党（東京）、社民党、生活の党などが大同団結し、候補者を調整して、「戦争法廃止」の一点で２０１６年の参議院選挙に臨めばいい。

「安倍政権だけはイヤだ」という圧倒的な世論に訴えれば、確実に勝利できるし、もう一度政権交代させることができる。本当の闘いはこれからだ。

第3章　【ルポ】レバノンからシリア内戦へ

①2012年4月レバノン難民取材

トリポリの町で

2012年4月、私は隣国レバノンでシリア難民を取材した。レバノンの首都ベイルートから車で北へ2時間、シリアとの国境の町トリポリへ。

トリポリというとリビアを思い浮かべる人が多いかもしれないが、ここレバノンにもトリポリが存在する。地中海貿易で栄えた9世紀、シドン、ティール、アラドスの3つの都市の交易センターがこの町に置かれた。3つの町、つまりトリ（3つの）ポリス（町）が町の起源だ（地図1）。

この歴史あるトリポリの町に、多数のシリア難民が逃げてきている。トリポリの貧困層居住地域には、その名も「シリア通り」がある。シリア難民がたくさん住んでいるからだろうか？（写真1）。違う。この通りを境界線にして、山側が「親アサド派」、海側が「反アサド派」なのだ。今回のシリア紛争をキッカケにして、ここトリポリでも住民たちが激しく対立、今年に入ってロケット弾攻撃、銃撃戦が散発している。

（地図1）レバノン北部の街「トリポリ」はシリア難民であふれていた

（写真1）この通りから向こう側が「親アサド派」で手前が「反アサド派」。通りを挟んで内戦になっている

（写真2）「将来は兵士になりたい」という少年たち。学校には通っていない

将来は兵士になりたい

「シリア通り」沿いの自動車修理工場。修理工として働く少年にカメラを向ける（写真2）。

―シリアから逃げて来たの？

「うん」

―学校には行ってるの？

「ううん。僕たちは学校に行ってはいけないんだって」

―将来は何になりたいの？

「兵士」

―誰と戦うの？

「アサドを殺したい」

少年たちは、なぜこれほどアサド政権を憎んでいるのか？

それは虐殺の悲惨さ、容赦ない拷問だ。

「激戦地ホムスから逃げてきました。アサド軍兵士は、赤ちゃんまで皆殺しにしています。生後3カ月の子どもを地面に叩き付けて殺すのを見ました。母親も殴り殺しました。夫が軍を離反して、自由シリア軍に入ったから、

（写真3）「水攻め」で膀胱が破壊され後遺症に悩んでいる

残された家族を見せしめのように殺していくのです」

人道支援物資を配るNGOのビルで出会った女性が、タオルで顔を隠しながら、英語で切々と訴えてくれた。なぜ顔を隠すかというと、ビデオカメラの前でアサドの犯罪を告発したことがバレると、シリアに残された家族が殺されてしまうからだ。

世界最悪の拷問で

「反アサド派」住民の家に間借りしている30歳代の若者。やはりタオルで顔を巻いてから、証言する（写真3）。

—あなたは秘密警察に捕まって拷問を受けたのですね？

「6カ月前、ホムスでデモをしていたら、秘密警察に拘束されました。そこで世界最悪の拷問を受けました」

—具体的には？

「両手に手錠をかけられ、天井から吊るされました。その後殴る蹴るの拷問を受け、左耳は聴こえなくなりました。2度、意識を失いました」

—拷問は殴る蹴るだけでしたか？

（写真4）山の向こう、白い家とモスクはシリア領内

「2リットル入りのコーラを、飲め飲めと無理矢理飲まされ、その後大量の水を。お腹がパンパンにふくらんだ後、ペニスをヒモで縛られました。その状態で放置されたので…」

膀胱がおかしくなってしまったのだ。自分でおしっこを制御できなくなったのでずっとおむつをしている。そして男性としての機能も奪われてしまった。

別の古ぼけたビルに、黒いアバヤを着た女性がいる。

「イドリブから逃げて来たの。町はアサド軍の空爆で破壊されてしまったわ。そして私の娘（22歳）が行方不明なの」

―えっ、娘さんが？

「娘はイドリブ大学の学生だった。アサド軍が大学に来て13人の女子学生をさらっていった。そして秘密警察から電話がかかってきて、『娘を返してほしかったら巨額の身代金を払え』と」

―払えなかったのですね。

「このままだと私の他の娘もさらわれると思ったの。身代

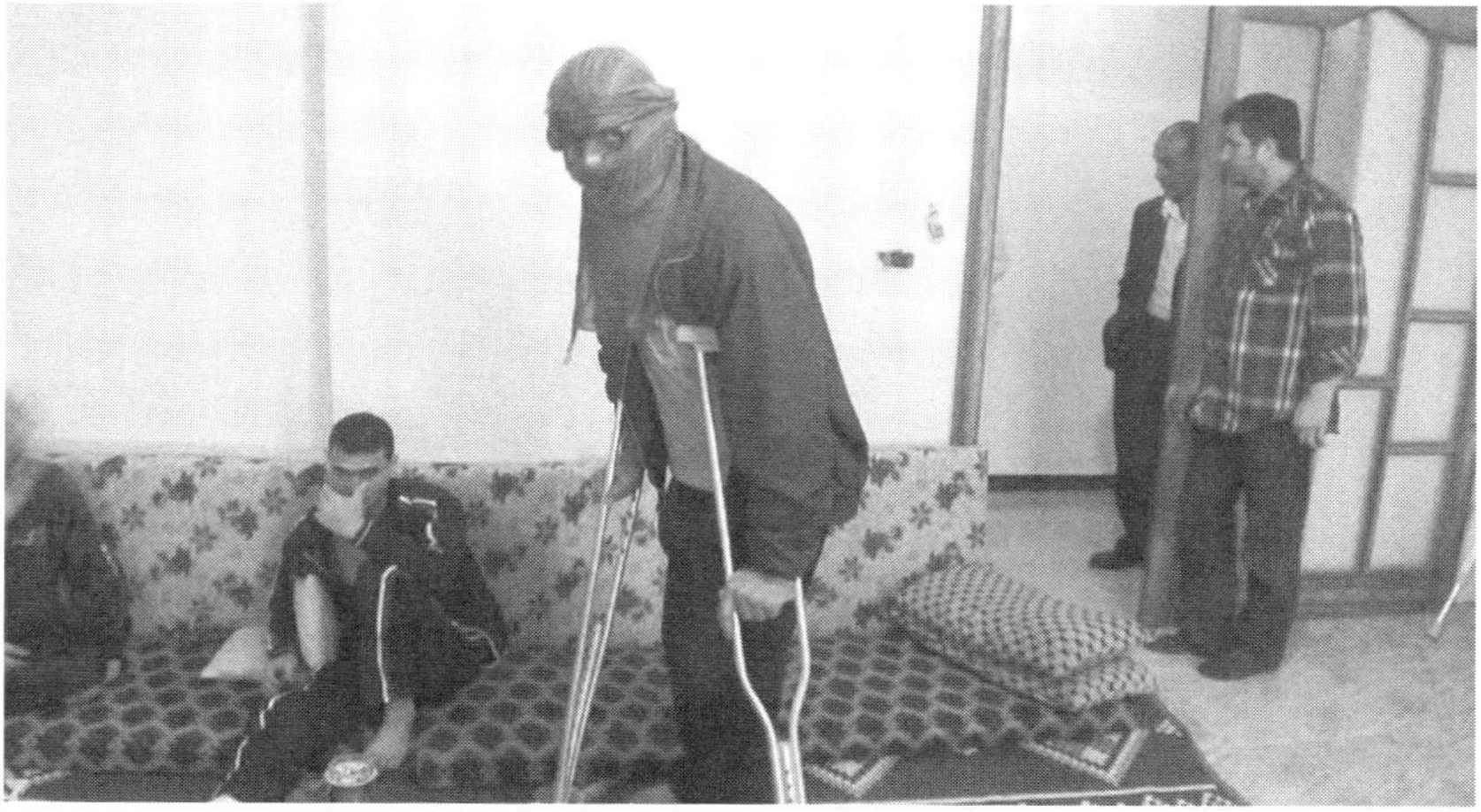

（写真5）Aさんは積み上げられた遺体の中から奇跡的に救出された

金なんて払えるあてもないので、誘拐された娘と国を捨ててここへ逃げてきたのよ」

イドリブは、ホムスと並ぶ最激戦地の1つ。13人の女子学生はレイプされたのかもしれない。戦争とレイプはつきものだ。

デモ参加者が次々に犠牲に

トリポリからシリア国境までは車で1時間ほど。シリアとの国境には川が流れ、渓谷になっていた。レバノン側からシリア側の山を撮影（写真4）。山裾に白い家とモスクが見える。あちらはシリアのタッカラという町。谷底にシリア軍の検問所。検問所から、白い道が真っすぐタッカラの方向に伸びている。民家の陰に隠れて、検問所を撮影。国境で撮影していることがバレたら、撃ってくる。スナイパーはゴルゴ13級の腕前なのか、武器の性能が発達したからか、ジャーナリストも撃たれて亡くなっている。

「さっと撮影しろよ」。通訳のモハンマドが注意する。無

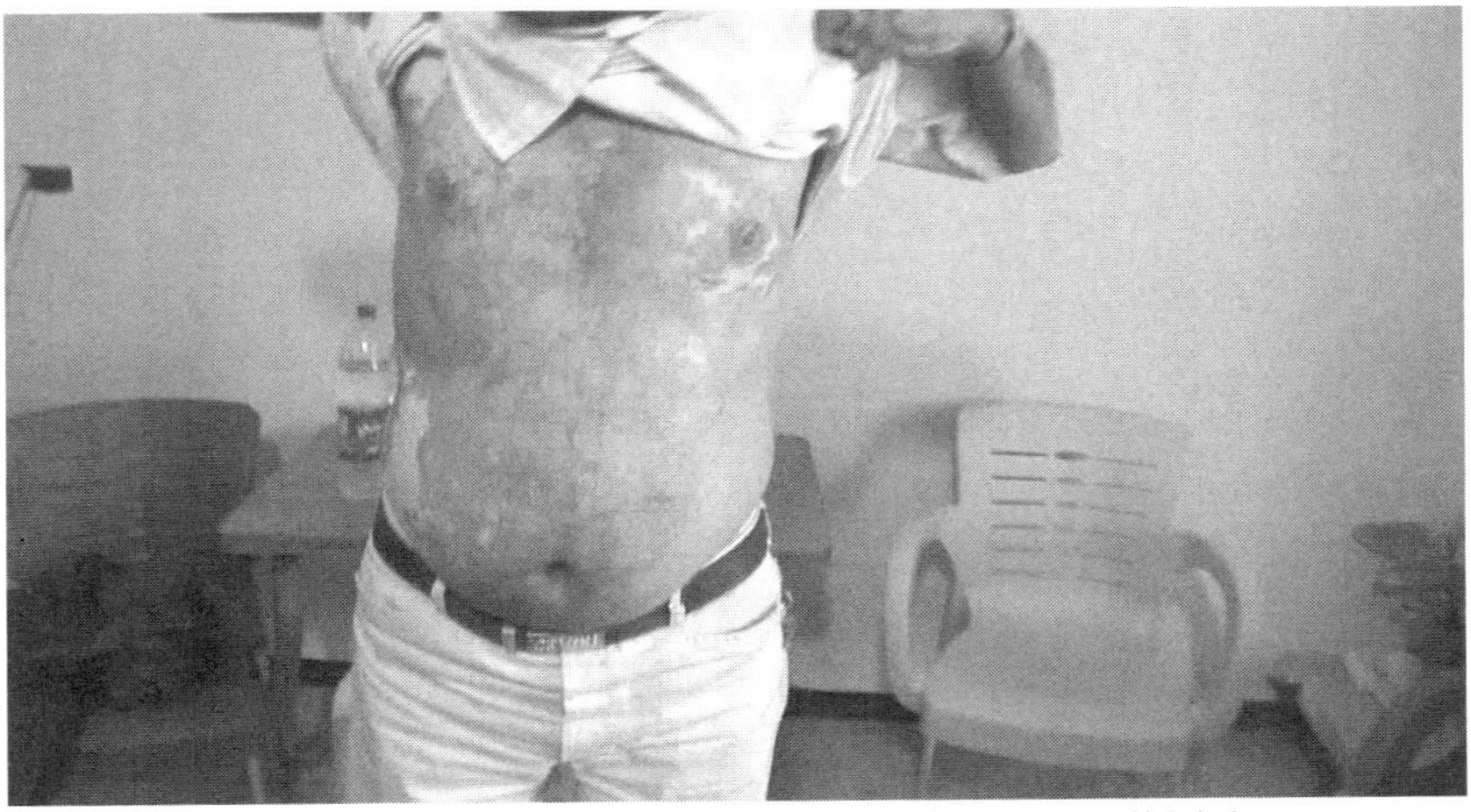

（写真6）デモ参加中に拘束され刑務所へ、そしてガスバーナーで焼かれた

事、国境を撮影した後、難民一時滞在所へ。ここにも拷問を受けた人が多数いた。匿名を条件に取材に応じてくれる（写真5）。

Ａさんは、さっき見てきたタッカラの町でデモに参加していた。６カ月前のこと。突然デモに戦車砲が撃ち込まれた。即死者、血だらけになって逃げ回る人、その場で倒れ込む人…。彼は負傷して、道に倒れ込んでしまった。軍がやって来た。道ばたに倒れたデモ参加者たちを、次々に射殺していく。自分の番が来た。死を覚悟した。ピストルで背中を撃たれ意識を失った。

軍が帰ると、次に来たのがゴミ収集車。トラックに積み上げられた遺体は、１カ所にまとめて投げ捨てられた。近所の人々が泣きながら、息子たちの遺体を埋葬しようとやってきた。イスラムは土葬で、埋める前に身体を洗い、清めなければならない。Ａさんの遺体を洗おうと思ったら、まだかすかに息があった。

まだ死んではいない！　そう確信した近所の人々は、自由シリア軍に連絡して、秘密裏に国境を抜けて、この町へと運んだ。この時の虐殺は、少なくとも40人以上と言われている。そして助かったのはAさんを含めてわずか3人だ。

Bさんは6カ月間ホムスの刑務所に拘留された。Bさんが衣服を脱いでくれたとき、私は息を飲んだ（写真6）。全身の皮膚がむけて白い肌が露出している。

ガスバーナーで焼かれたのだ。足や手、腹に背中。何度も焼かれているうちに彼は気を失い、目覚めた時は病院のベッドの上だった。

以上が2012年4月時点でのレバノンの状況だった。

さらにシリアではとんでもないことが起きている。レバノンからシリアに入るのは相当に危険だ。シリアに潜入することができるのは、トルコ側からでないと無理だろう。

私はトルコ側からシリア潜入をめざすことにした。

②2013年3月、シリア潜入へ

ジャーナリストと人道支援者の2つの役割

2013年3月、私は内戦中のシリアに潜入した。トルコのレイハンルという国境の町で自由シリア軍の幹部と面談。兵士たちと支援物資の相談。シリアではアサド軍の空爆が激しくなって、1日に約50～100人が殺されている。多数の死者が出ているということは、その何倍ものけが人が出ているということ。重症者への麻酔薬、点滴、抗生物質などはもちろん、手術用手袋、ガーゼ、包帯……。私はジャーナリストと人道支援者という2つの役割を持ってシリアに入る。こうすることで、シリア人の信頼も厚くなるし、兵士たちはより手厚く私を守ってくれる。避難民キャンプの人々に食料や毛布を配ることで、私はより安全に取材ができる。簡単にいえば「ウイン、ウインの関係」だ。こんなことができるのも、みなさんからの暖かい募金のおかげ。あらためてお礼を申し上げ、引き続き、シリアの人々への支援を続けていきたい。

国境を境に天国と地獄

2013年3月5日、いよいよトルコからシリア国内に潜入する。トルコ側のキリスという町に国境のゲートがあって、ゲート前にはトルコからシリアへ入るトラックの列。今のシリアは食料にも事欠くので、支援物資を運ぶトラックの長蛇の列ができているのだ。

アサド政府軍はすでにこの地域から撤退している。国境には自由シリア軍のパスポートコントロールがあり、自由シリアの国旗がはためいている。

シリア側の町アザーズに入った途端、町の風景は一変する。モスクや家屋は破壊され、燃やされた戦車がころがっている。「ここから10キロのところにスカッドミサイルが落ちた。つい、さっきのことだよ」。通訳のアブードが現在進行形のシリア内戦について解説してくれる。トルコ側は天国、ここは地獄。元々この辺りはオスマントルコで一つの地域だった。オスマントルコは戦争に敗れたので、第一次大戦後、勝利した英仏が勝手に国境線を引き、植民地にする。「国家って何だろう?」「なんで国境があるのだろう」

自由シリア軍側から取材

アザーズから車で3時間も走れば、アレッポである。団地が続いている。人影はまばら。ほとんどの住民は隣国トルコやレバノンに逃げている。そしていくつかの団地が棟ごと破壊されている。ミグ戦闘機からのミサイル攻撃だ（写真7）。

（写真7）アレッポの破壊された団地

アレッポは世界遺産に指定されたお城を中心とする城下町でこの城にアサド軍が立てこもっている。自由シリア軍は城下町に潜んでいて、壮絶な銃撃戦を繰り広げている。

戦況を簡単に説明すると、昼間は兵力に勝る自由シリア軍が銃撃戦でアサド軍を追い込んでいく。しかしアサド軍が制空権を握っているので、夜間になるとミグ戦闘機や攻撃型ヘリなどで空爆してくる。

「卑怯者、空から撃ちやがって」。ミサイルに脅えながら、ミグ戦闘機に悪態をつく。アフガニスタンでは無人戦闘機、ドローンがタリバンを攻撃している。私はタリバンにも自由シリア軍にも、問題があると思っているが、実際に空爆される側に住んでみると、「戦争は理不尽」で、「空爆は反則」と感じるのだ。

自由シリア軍の基地に入り、アレッポでの取材許可を取る。やれやれ、これでアレッポ取材ができる、と一安心していたら、ドッカーンという爆音。ロケット弾が基地のそばに落ちた。

外出許可が出たので、基地を出て、先ほどのロケット弾着弾地点へ。基地の向かいのビルに落ちた。カメラを回していると、子どもたちがロケット弾の破片を持っていて、「バッシャール！」（アサドだよ）と叫ぶ。ビルの管理人と思しきおじさんが、血と爆弾の破片を水で洗い流している。

次々飛んでくるロケット弾に恐怖心も薄らぐ

夕暮れが近い。日のあるうちにアレッポの町並みを撮影したい。まずはかつての激戦地「ハナノ地区」へ。昨年9月に来た時は「ハナノ地区争奪戦」が行われていて、互いの決死隊がここで銃撃戦をしていた。どうやら自由シリア軍が取ったようで、ハナノ地区には住民が戻ってきて、商店には食料や衣類などが並び始めている。病院が空爆されている。病院は狙われる。なぜか？

重症を負った患者たちにトルコやレバノンに逃げられると、アサド軍の犯罪が証言されて、広がってしまうということと、病院を空爆して医師を殺してしまえば、怪我人を治療できる人がいなくなるからだ。アサド軍はイスラム教アラウィー派に属している人が多く、国民の多数はスンニ派。この内戦は、「宗派間の大虐殺」の様相を呈していて、自由シリア軍（スンニ派）が勝てば、スンニ派によるアラウィー派への報復が、逆にアサド軍（アラウィー派）が制圧すれば、スンニ派への虐殺が待っている。アサド軍としては、女性、子ども、高齢者など非戦闘員であっても、スンニ派を根絶やしにしたい。だから病院が集中的に狙われるのだ。

ハナノ地区から「シャアール地区」まで車で10分ほど行く。シャアールは人々が逃げてしまっていてゴーストタウンになっている。昨年9月に、ここのパン屋さんを撮影した。パンを買うのに3時間待ち。群衆がここに並んでいた。人々が集まると危ない。戦闘機からの標的になってしまう。案の定、2012年11月に、パンを求めて並ぶ人々の上にミサイルが落ちた。約40人が殺され、以来、この地区はゴーストタウンになった。車は猛スピードでシャアール地区を通り過ぎる。物陰にアサドの兵士がいないことを祈る。

とある普通の中学校、正門前で車を降りる。門の前にたくさんの兵士がたむろしている。ここが本日の宿泊所。中学校が自由シリア軍の基地になっている。一階の教室で兵士とごろ寝。窓ガラスが割れていて、電気なし、暖房なし。震えながらウトウトしていると、ドッカーン！

ロケット弾が近所に落ちた。兵士はすやすやと眠っている。慣れとは恐ろしいものだ。「また撃ちやがったな」。だんだん恐怖心が薄らぎ、再度ウトウト。時折、ロケット弾の爆音で叩き起こされるも、浅い眠りで朝を迎える。

山本美香氏が殺害された地区で

3月6日午前7時。アレッポ城を囲むように発達した市場を歩く。石畳の道に歴史ある建物が続く。市場（スーク）は、すでに大部分が破壊され、店主たちはトルコに逃げている。城に近づくほど危険度が増していき、商店街の塹壕までたどり着く。塹壕の中から手だけ出して、城を撮影。50メートル先にはアサド軍兵士がいる。

ズームで城を撮影した後、世界遺産に指定されているモスクに忍び込み、やはりモスクの中から城を撮影。アルミでできた台車が転がっている。台車にはべっとりと血のりがついている。これは「霊柩車」なのだ。本日未明、ここで撃たれた兵士をこの台車で墓地まで運んだ、という。

モスクを出て、バーブル・ナスル地区へ。この地区もトータルに破壊されていて内戦の凄まじさが伝わってくる。この地区でジャーナリストの山本美香さんが殺された。殺害現場はアサド軍支配地域なので、現場そのものには到達できなかった。バーブル・ナスル地区から殺害場所の方向へ手を合わせる。彼女は明らかに狙われていた。カメラを回して、虐殺の事実を伝えるジャーナリストはアサド軍にとって邪魔な存在。彼女は戦場での「目と耳」だった。私たちは貴重な人を失った。

ハナノ地区に戻り、病院を取材させてもらう。病院の外観はもちろん、出入り口、患者の顔などを撮影するのは厳禁。情報がアサド側に漏れたら、空爆されてしまう。

10日前にこの病院のすぐ前の小学校が空爆され、その破片が飛び込んできて、多くの医療機器が壊された。新生児室も壊されたので、普通の事務室に保育器が並べられ、1つの保育器に2～3人の赤ちゃん。薬も酸素吸入器も手術用具も、何もかもが不足している。

スカッドミサイルで150人死亡

（写真8）150人が殺された現場

この病院から車を飛ばして30分、アンサール地区へ。ここが最激戦地だった。この地区はアレッポ空港に隣接していて、自由シリア軍は、城と空港を奪おうとしている。逆に言えば、城と空港を手中にすれば、アレッポは陥落する。アサド軍も必死の応戦。ミサイルで空爆してくるのだ。

「あー、これはひどい」。そこはガレキの山だった。一発のスカッドミサイルがこの団地群に飛んできて、団地はぺしゃんこになっている。「10日前だ。150人死んだ」。通訳アブードの説明を聞きながら、出発前の日本で読んだ新聞記事を思い出していた。「アレッポでミサイル爆撃。150人死亡」というベタ記事。団地で、ただ寝ていただけの住民が、一瞬にして殺される。ガレキには血のついた毛布、子どものおもちゃ、当日の新聞、置き時計、女性用カーディガン…、そんな「生活の臭い」のする遺品があちこちに点在する。ガレキが道路を塞いだので、ブルドーザーがやってきてガレキを左右に分けて、道路を復元している。犠牲者の親族が、ガレキを掘り返している。遺品を探しているのか、いや、遺体を探しているのかもしれない（写真8）。

このスカッドミサイルは約350キロ離れた首都ダマスカスから放たれた。人工衛星に誘導され、ミサイルは目標にたどり着く。現代の戦争の特徴の1つに「武器の残虐性、性能の高まり」がある。団地を丸ごとつぶしてしまうミサイル、突然、家族ごと殺される人々。ガレキの中を3人の少女が歩いていく。「早くトルコまで逃げてくれ！」。カメラを回しながら、心の中で叫ぶ。

前線で闘う若者たち

夕刻5時、数人の兵士たちと路地を歩く。石畳の路地の先、左前方に世界遺産のアレッポ城。兵士たちは一列縦隊になり、やがて先頭の兵士が走りだす。路地の先端から半身の構え。城との距離は100メートルもない。

「アッラー、アクバル！」（神は偉大なり！）。叫んだと思うとカラシニコフ銃を城に向けてぶっ放す。続いて兵士が走り出し、やはり同じようにカンナース銃（狙撃用ライフル銃）を城に向けて数発。「アッラー、アクバル」。城の方からも同じく「神は偉大なり」のかけ声とともに、銃弾が飛んでくる。

チューン、鋭い金属音がして、路地の壁に銃弾が飛び込む。幸い、誰にも当たらなかったが、跳弾、つまり壁に当たって跳ね返った弾に当たれば、下手したら即死だ。カメラを持つ手が汗ばむ。

銃撃戦は30分ほど続いた。安全地帯まで帰ってきて、兵士にインタビュー（写真9）。この場所での銃撃戦は、毎日行っていて、主に朝と夕方。城には200人ほどの兵士がいて、城からロケット弾を撃ってくるので、何とか城を奪いたい、とのことだった。兵士は全て若者で、中には高校生くらいの兵士もいた。いつの時代も前線で戦うのは若者なのだ。

夜8時、同じ中学校を改造した基地で兵士とごろ寝。この校舎が空爆されないことを祈りつつ、震えながら眠る。

（写真9）銃弾戦に参加する少年兵

小児病室の子どもたち

3月7日、アレッポを脱出する。ゴーストタウンと化したアサド軍支配地域を猛スピードで横切る。家屋が密集しているところはそれほどでもないが、大通りに面した地域、見晴らしのよいところは、特に危ない。ヒヤヒヤしながら一番危ない地区を無事通過。アレッポ郊外、比較的安全な地域にアル・ハザール病院がある。この病院なら安全だし撮影も可能なので、許可を得て中へ。緊急手術室にフセイン君（7）が寝ている。銃撃戦に巻き込まれ、流れ弾が左足に当たってしまった。レントゲンにくっきりと銃弾が。今から麻酔なしでこの銃弾を取り出す。「酸素吸入もない、薬もない。痛み止めもない」。医師の説明を聞くまでもなく、何もかも不足していること

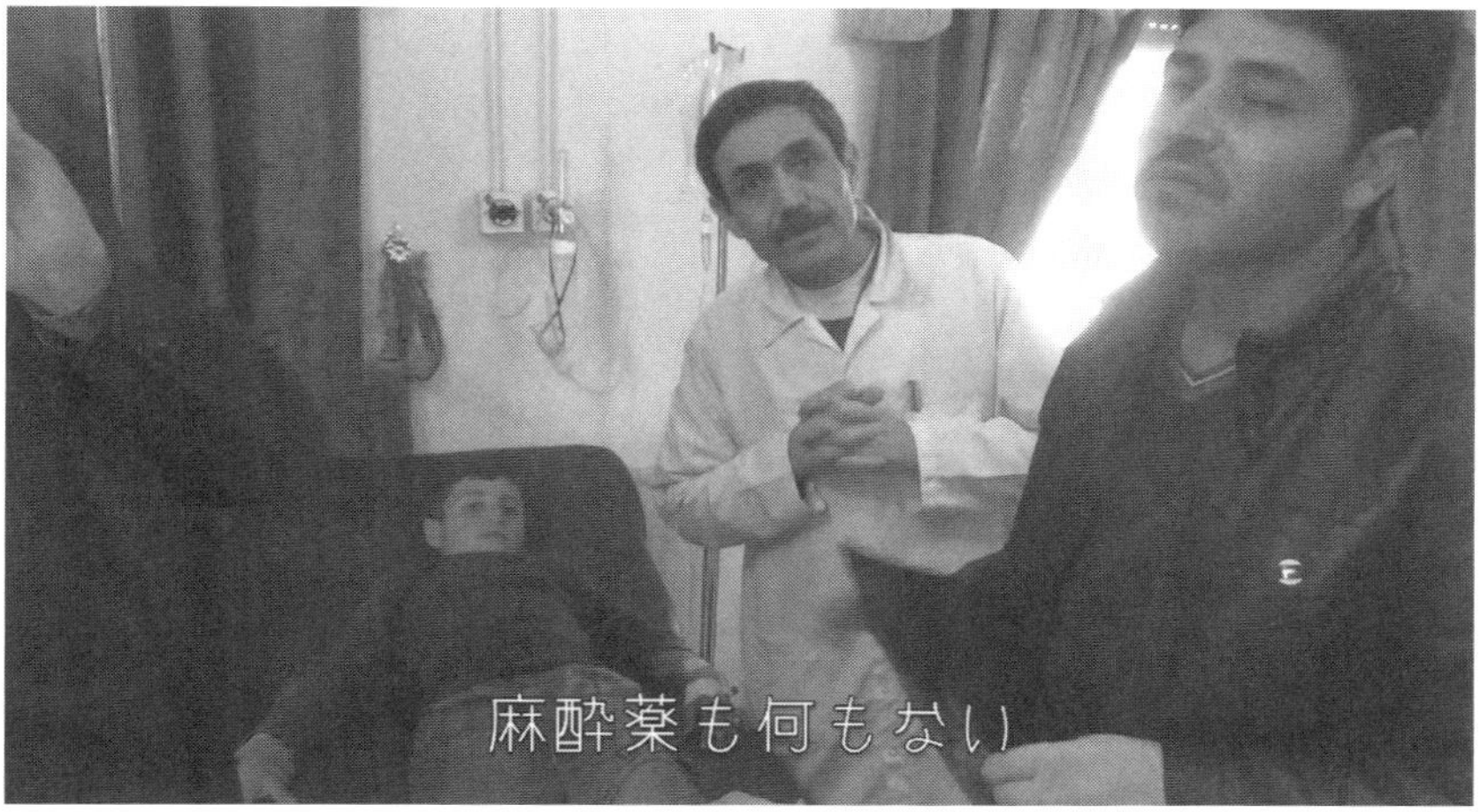

（写真10）流れ弾が当たり負傷した男の子

が分かる（写真10）。

小児病棟へ。風邪をこじらせて肺炎になっている子どもが多数。家を空爆され、ガスも電気もない中で、寒い夜を過ごす子どもたちは、すぐに風邪をこじらせて肺炎になってしまう。この内戦が続く限り「冬をどう越すのか」が喫緊の課題だ。

見て見ぬふりされてきた内戦避難民

3月8日、無事トルコ側に抜けた私は、再度シリア側に潜入し、シリア国内避難民の取材を敢行した。トルコ～シリア国境の町バーバルハワーには、数千人の「トルコに逃げ切れない人たち」が、テントを張って暮らしていた。難民が急増したトルコでは、これ以上の難民を受け入れることができない、と無慈悲にも国境を閉めてしまったのだ。

トルコは目と鼻の先なのに、ここで滞溜している避難民たち。このバーバルハワーは、シリア側なので、ユニセフなどの国連組織はやって来ない。わずかにトルコの人道支援団体からトラックで物資が届き、地元側の村人から水や食料が届く。そんな状況の中で、医薬品を配布した。今回想定したのは、銃撃戦や空爆でケガをした人々のための薬だったが、そうした薬とともに必要だったのが風邪薬だった。来秋、冬が来る前には風邪薬も必需品になる。

バーバルハワーから車で30分も走れば、オリーブ畑の中に巨大なキャンプが現れる。アトマ避難民キャンプは3月時点で1万7千人のシリア避難民が住む。責任者に聞くと2月は1万2千人というから、1カ月に5千人ペースで増えている。やはり国連なし、国際的な人道支援団体もいない。オリーブ畑の向こうには、普通に観光客がいて、バーがあって、スーパーやデパートが並ぶトルコの町がある。しかしここの人々はそのトルコに入れない。いつまでこの状態が続くのか？　この人々に支援を入れつつ、早急にこの内戦を終わらせることが必要だ。米・ロ・EU・イラン・サウジ・イスラエル…。大国と周辺国の都合で、この内戦は見て見ぬふりをされてきた。誰も止めない。そしてこの内戦は今も続いている。

③2014年4月、シリア内戦へ潜入

人道支援者の身分を活用し入国

2014年4月8日午前11時、私はトルコ・シリア国境の町、レイハンルのホテルでじりじりしながら連絡を待っていた。通訳ジャラールの携帯にようやく電話がかかってくる。自由シリア軍からだ。電話を切ってからジャラールが心配そうに尋ねてくる。

「本当にいくの?」

「ああ、行くよ」

「トルコ〜シリア国境のバーバルハワーでは、すでに外国人の入国を認めていませんので、シークレットで入ります」

「わかった。まず安全第一だ」

ジャラールの心配も無理はない。国境ではトルコ軍(ジャンダルマ)の目が光っている。いったん入れたとしても、次にいつ出て来られるかわからない。毎日のようにロケット弾が飛んできて、電気もきれいな水も不足するシリア。アサド軍の「気まぐれな空爆」に遭遇すれば、ひとたまりもない。

「アラーアクバル」。ふざけた調子で「神は偉大なり」とつぶやくと、ジャラールは真剣に「インシャッラー」(その通り)とうなずいた。

まずレイハンルの中心地で、ワンボックスカーに乗り込む。「ニシさん、後部座席で身体を低くしてください」。トルコ兵に日本人が乗っていることが見つかったら、少々面倒なのだ。

ワンボックスカーはのどかな田舎道を走る。狭いデコボコ道にすれ違う耕耘機。一見すると平和な風景。田舎のあぜ道は、古ぼけた小さな門で遮られていた。門の前にはトルコ兵が2人。

あの門が「国境」なのだ。「何もしゃべらないでください。記者証は見せないで。あくまでも私たちは人道支援者です。国境付近に展開する難民キャンプに支援物資を届けることが目的ですから」

トルコは外国人ジャーナリストの入国を厳しく制限している。治安が相当悪いので、トルコとしては「安全に責任を持てません」ということだ。幸い、私は「イラクの子どもを救う会」として何度も支援物資を運んだ実績があり、ジャーナリストとあわせて「2つの顔」を持っているので、今回は「人道支援者の身分」を活用する。

トルコ兵2人がやって来て、一人ひとりの名前と身分を確認する。「イラクの子どもを救う会」の名刺を見せる。幸いこの兵士は英語が苦手だったようで、Iraqと書かれていることに疑問を挟まなかった。「なぜSyriaでないのか?」という想定質問に答える必要もなく、小一時間待ちで門が開いた。

日本からの支援金を援助物資に変えてアッポレへ

舗装されていない山道を行く。いわゆるここは「無国籍地帯」だ。正式な国境なら「DUTY FREE」があるところ。車の中から隠し撮り。岩がごろごろ転がる丘を越えると…。無数のテントが広がっている。

「アトマ難民キャンプです。ここだけで2万人は超えているでしょう。撮影は禁止です」

約半年前からこの地域は自由シリア軍とISとの戦闘になって、いったんISがここを制圧したが、最近また自由シリア軍が奪い返した。その後この地区には検問所が増設され、ビデオカメラが見つかると、相当厄介なことになる。車内から小型カメラで撮影する(写真11)。

オリーブ畑の中の農道を行く。農道に沿ってテントが続く。避難生活も長くなっているので、テントの中には日用品を販売する「店舗」もある。すれ違う軽トラックには、たった今逃げてきた家族と家財道具が満載されている。

アトマキャンプを通り抜け、アトマ村の中心部でワンボックスカーを降りる。待っていたのは自由

（写真11）このキャンプは「イスラム国」に支配されていた。車の中から隠し撮り

シリア軍の兵士たち。迷彩服にカラシニコフ銃。「サラームアレイコム」。部隊長のアブドッラーと握手を交わす。今日から通訳ジャラールと私の運命はこの男が握ることになる。

アブドッラーの車に銃を持った兵士が2人。護衛が付いたのだ。アブドッラーは村の一本道を猛スピードで飛ばして行く。治安上、スピードを上げて通り過ぎないといけないのか、それともこの男がタダのスピード狂なのか。「『イスラム国』に撃たれるより、この無謀運転で殺される確率の方が高いかもね」。ジャラールと密かに冗談を飛ばす。アブドッラーはさかんにクラクションを鳴らし、「どけどけ」と突き進んでいく。

着いたのはイドリブという町の玄関。アブドッラーたちの拠点ビル。ビルと言っても建設中で放置されたもの。戦争で施主が逃げ出した後に、兵士たちが住み着いている。何とこのビル、自家発電装置があって、給水タンクまである。シリア戦争も4年目に入り、長期戦である。兵士のねぐらもかなり改善（笑）されてきている。

自由シリア軍の拠点で、支援内容の打ち合わせ。難民の半分が子どもで、赤ちゃんも多数。食料不足で母乳が出ない母親も多いので、まずは粉ミルク。次に小麦粉、砂糖、コメにする。日本からの支援金6500ドル（約70万円）を手渡す。アブドッラーが食料を買い出しに行ってくれる。

午後2時、ようやくアブドッラーが帰ってくる。小型トラックに、本日の援助物資を少量つめて、いざアレッポへ。

高次脳機能障害の少年

2時間の「無謀運転」で、アレッポ郊外のカッスルナッハーという町に到着。ここはアレッポ中心地からわずか10キロの地点で、丘の上からアレッポの町が見下ろせる。カッスルナッハーでは7カ月前にアサド軍と自由シリア軍の激しい争奪戦があり、今は自由シリア軍が制圧している。工場が空爆され、主だった民家にはロケット弾が撃ち込まれている。ここは戦争前までは「アレッポの芦屋」という感じだった。白亜の大邸宅が丘の上にそびえ立っていて、そこにホムスからの難民が住み着いているのだ（写真12、13）。

1軒1軒回りながら、小麦や粉ミルクを配っていく（写真14）。「ズドーン」。遠くでミサイルの着弾音。アレッポへの空爆は毎日続いている。

支援物資は大歓迎された。広いお屋敷だが、電気、ガス、水道なしで、床に敷くカーペットもない。窓ガラスは爆風で吹き飛んでいるので、夜は大変寒いという。そんな家の数軒目に、アブドル・サラーム君（4）がいた。（写真15）

（写真12）豪邸がロケット弾で破壊されていた

（写真13）破壊された豪邸に避難民が住み着いていた

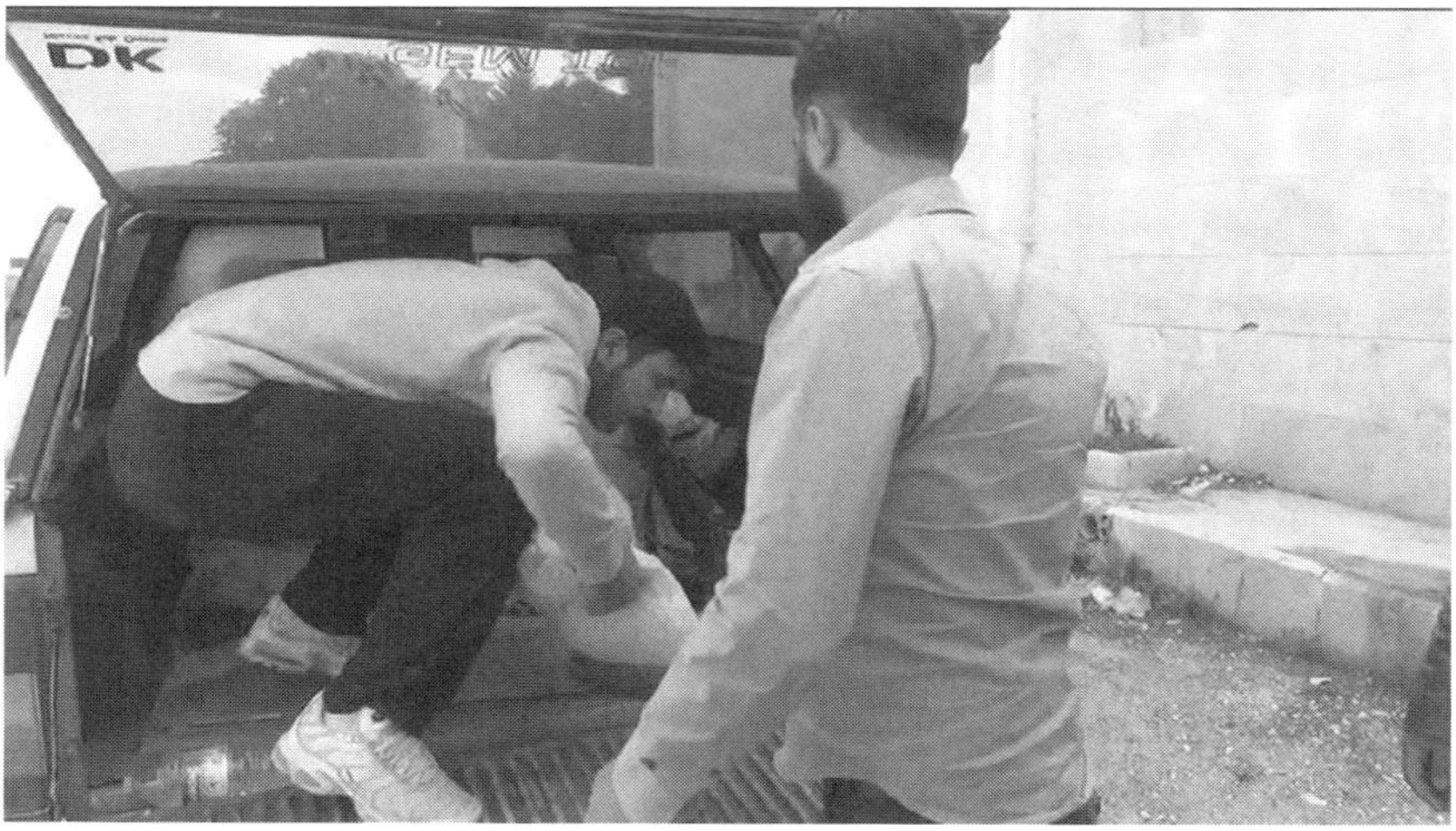
（写真14）各家庭に支援物資の米と小麦を配布していった

アラビア語でアブドルは「神の使い」。サラームは「平和」。つまりこの子の名前は「平和の使者」という意味だ。
「生まれた時は普通だった。戦争が始まって、爆弾の音を聞いているうちに、この子は歩けなくなってしまったんだ」。父親が精神の異常を訴える。ホムスへの空爆、銃撃戦が始まったとき、この子は1歳だった。「あまりの恐怖で、脳に異常が発生した」とのこと。実は、全く同じ症状の子どもを、イラクのバグダッドで見たことがある。人間の脳というのは、恐怖で損なわれるのだろうか？
帰国後、専門家にサラーム君の映像を見てもらった。「高次脳機能障害だと思います。人間の脳は頭蓋骨に守られていますが、激しく揺すられたりすると、頭蓋骨は無傷でも、脳が傷つく場合があります。特に1〜2歳児の脳はゼリーのように柔らかいので、大人よりも傷つきやすいのです」
空爆の爆風はハンパではない。逃げ惑う母親の手の

（写真15）爆風で吹き飛ばされた時に、大脳が傷ついたのだろうか…

中で、サラーム君は吹き飛ばされ、激しく揺すぶられてしまったのだろうか。

「ズシーン、ズシーン」。腹に響く爆発音が続く。アレッポの街が空爆されている。今日も理不尽に人が殺されている。アサド軍は正気を失っている。戦争というのは正常な感覚ではできないのだが…。

街のモスク&学校へ。支援の古着や食料が積み上げられている。アラビア語の教科書も届いていて、子どもたちは3年ぶりに学びはじめている。興味深かったのが、教科書の表紙（写真16）。右がイスラエル兵で、左がアサド軍。中央に脅えた表情の子ども。つまりイスラエルからはパレスティナの、アサド軍からはシリアの子どもが攻撃されているという漫画なのだ。

これは典型的な「ダメ教科書」と言える。イスラエルがいかにひどい虐殺をしたか、アサド軍がどれだけの市民を殺したか、を教えていけば、「俺は兵士になって仇を取る」と思うだろう。しかし現実にはイスラエルにもたくさんの平和を願う人々がいるし、アサド軍兵士も戦争に

（写真16）この教科書では憎しみの連鎖になってしまう

疲れ、一刻も早い停戦を望んでいる。「みんな違ってみんないい」。仲良く平和に暮らしていこうね、と教えるべきだ。戦争は教育を歪める。日本も戦前、戦中は「鬼畜米英をやっつけろ」と教えていたし、最近では「靖国史観」や「歴史修正教育」の立場の教科書も使われ始めている。決してひとごとではない。

空き缶拾いをして1日150円の収入

日暮れが近い。イドリブまで早く戻らないと、また厄介なことになる。アサド軍の空爆も怖いが、ＩＳの襲撃にも備えないといけない。アブドッラーの「無謀運転」がさらに加速する。「ＩＳに襲われるのと、この運転で殺されるのと…」。冗談も凍りつく。

午後8時、無事「拠点ビル」に到着。さすがに疲れた。兵士たちはカラシニコフ銃の点検などをしながら雑談しているが、私は早めに寝る。若いこいつらに付き合っていては、身体が持たない。毛布にくるまり泥のように眠る。

（写真17）シリア国内は避難民キャンプのテントだらけになっている

4月9日午前9時、ようやく兵士たちが起き出して遅めの朝食。今日は病院とキャンプを訪問して、昨日来た道を抜けてトルコに戻る。午後4時までに戻らないと、ジャンダルマ（トルコ軍）があの門を閉めてしまうので、急がねばならない。しかし…。

アブドッラーがいない。支援物資の調達に行っているのか、私たちの安全確保のための調整をしているのか、それともまだどこかで寝ているのか…。

11時、12時…。じりじりしながらアブドッラーの到着を待つ。午後2時、ようやくアブドッラーが現れ、難民キャンプをめざす。

まずは国道沿いにできた名もない避難民キャンプ。半年前にホムスから逃げてきた人々300人が丘の上にテントを張って暮らす。電気なし、水道なし。食料は不足がちだが、辛うじて支援物資の食料は入ってくる。今何が欲しいか？という問いには、「電気」だった。水は届いている。次は電気ということだ（写真17）。

このキャンプをさっと取材して、次へと移ろうと国道

（写真18）国道で出会ったゴミ拾いの少年。ゴミとすすで顔が黒ずんでいた

を走行中、少年がズタ袋を担いで歩いている（写真18）。検問所が近いので、見つかると厄介なことになる。車の中から彼にインタビューする。

「どこから来たの？」

「アレッポ」

「いつからここへ？」

「2カ月前」

「アレッポの家は？」

ここで少年は首を振る。通訳のジャラードが何やら早口のアラビア語で聞いている。「ニシさん、この子はアレッポに住んでいて、爆撃で逃げ出し、まずはイドリブへ。そこもまた空爆されたので、この街に来たのです」

朝9時から6時間、ゴミ拾いをして約200シリアポンド（150円程度）。

少年の顔がゴミとすすで黒ずんでいる。風呂には何カ月も入っていないのだろう。20トルコリラ（1000円）札を握らせると、その時だけちょっと微笑んだ。「シュクラン」。アラビア語でありがとう。彼はまたとぼとぼと

(写真19) 粗末なコンロで調理するのでガス爆発が起こってしまった

国道を歩いていく。空き缶を探しながら。

オリーブ畑に巨大な難民テント群が出現

昨年末にも訪れたアカラバット地区へ。ここは山々が一面のオリーブ畑になっている風光明媚な場所だったが、そこに巨大なテント群が出来上がっている。

新しいテントばっかりやなー、と車内から隠し撮りをしていた時だった。

「火事だ!」。アブドッラーとジャラードが同時に叫ぶ。車を急停車させ、燃え上がるテントの方へ走り出す。他のテントにいた難民たちも、わらわらと火災現場の丘の上をめざして駆け上がっていく。巨大な火柱が立ち上がり、黒煙が噴出する(写真19)。泣き叫ぶ女性たち。

私も丘を駆け上がっていこうとするが、その手をジャラードに掴まれ、オリーブの木陰に引き込まれる。

「ダメです! カメラを持って近づいたら、危険です」

「そうなの? もう少し近づいて撮影してもいいんと違う?」

ジャラードと口論になりかけたその時、パンパンパン！　銃声が響いた。火事の混乱、行きどころのない怒り、家族を失った悲しみ…。そんな感情が混ざり合って、誰かが銃を連射したのだ。野次馬同然で、大きなカメラを回していたら、撃たれかねない。ジャラードの判断は正しかった。何しろ、住民たちの間にマグマのような怒りがたまっているのだ。

（写真20）火事を心配して人が集まる

ウーウー。10分以上経ってから消防車がやって来た、それも1台だけ。消火する水もない。その間もテントから赤い炎がチロチロと舌を出し、黒煙が噴き出し続けている。難民たちは着の身着のままで逃げてきたので、ガスコンロも粗末なものだ。泣きっ面にハチ、踏んだり蹴ったり…。泣き叫ぶシリア難民たちを見ながら、そんな月並みな言葉しか頭に浮かばない。人々は心配そうに火事を見つめる。いつまでこんな状況で暮らしていかねばならないのだろうか…（写真20）。

時間が迫ってきた。アトマ村の「ハンドインハンド」病院へ。これはイギリスのNGOが運営している。中に入る。栄養失調の子どもが多数入院している。こ

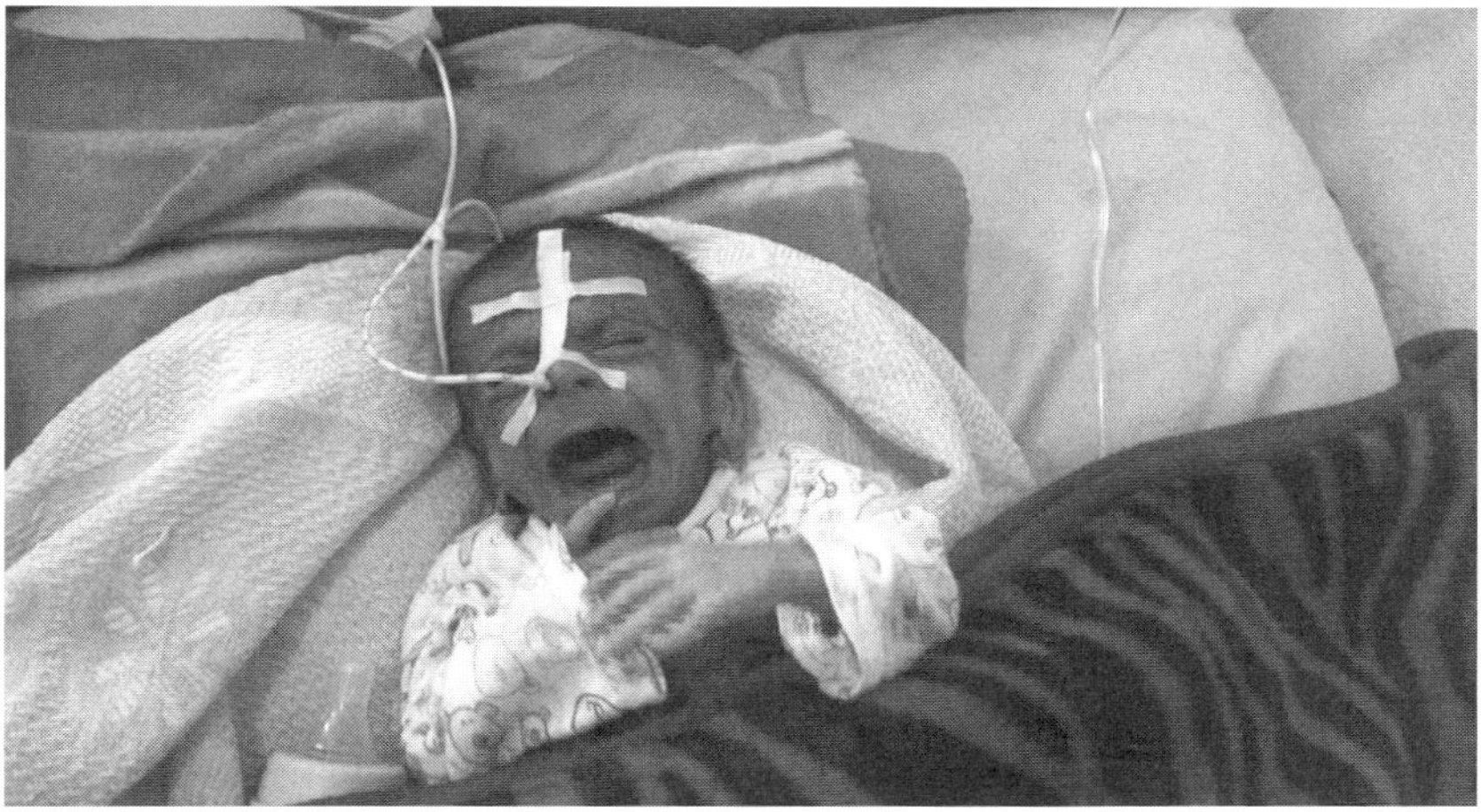

(写真21) 母乳が出ず、粉ミルクもない。栄養失調になってしまった

の冬、援助物資が届かずに母親が飢えてしまい、母乳が出なかったのだ。危篤状態の赤ちゃんは弱々しく泣いているだけだ(写真21)。

タライ舟で国境を越える

午後3時半、「国境」が閉まるまであと30分。その時アブドッラーの携帯が鳴った。何やら大声でしゃべっている。

「ニシさん、アトマ村で銃撃戦が勃発した模様です。あの門は、今日は閉ざされてしまいました」

えっ、あの門が閉まったら、「密入国者」の俺は、どこから出ればいいのだ? 正式な国境も密入国の門も閉まっている。

「ブックラ(明日)、あるいは明後日…」。おいおい下手したら、ここで缶詰かいな。アブドッラーと兵士が相談している。30分後、追加の兵士と車がやって来た。

「さらに秘密の道を通って、トルコへ抜けましょう。今からチャレンジします」

護衛を追加して、イドリブの危険地帯を走る。運転席のアブドッラーだけでなく、人道支援者のフォワッドまでが拳銃を手にしている。どうやらアサド軍支配地域を、突っ切らねばならないようだ。

アブドッラーの無謀運転に拍車がかかる。ブォーン、ひときわ大きなクラクションを鳴らして、おんぼろ道を100キロで走る。私のとなりに兵士が乗り込んでいたのだが、たびたび車の天井に頭をぶつけては、苦笑いしている。

山道をぶっ飛ばすこと1時間。ハーレンという村に入る。やがて小さな橋のない川が現れる。この川が国境。川岸を進むと、赤いビニールロープとタライ船が。岸のこちら側にシリア人が数名たむろしている。

「ここは撮影厳禁です。ムハーバラート（シリアの秘密警察）、ジャンダルマ（トルコ軍）の双方がいるかもしれません」。ジャラールの忠告にうなずき、カメラを隠して下車。ヤッラヤッラ（早く早く）。兵士たちにせかされながら、アブドッラーとハグ。彼のおかげでシリア取材ができた。ありがたい。兵士たちと短い別れのあいさつを交わし、川岸に止められたタライ舟に乗る。「屈め、屈め」と船頭が指示する。川を渡っているところを見つかると、良くて刑務所行き、悪くて銃殺…。

船頭は思いっきりロープを引っ張って、タライ舟を進めていく。トルコ側に着岸。河川敷の道なき道を突っ走る。

ヤッラヤッラ。草むらで待ち構えていたトルコ親父が、耕耘機を指差す。荷台に飛び乗る。ジャラードと、ファワッド、私の3人が荷台に転がりこむやいなや、耕耘機が走り出す。ガタンゴトン。

かなりの悪路に、身体を浮かせながら、荷台から見上げる青空。まるで映画の1シーンのような光景。

「やったー、トルコに抜けたぞ」ジャラードも笑いながら、荷台の上で身体をくねらせている。

内戦解決の原則は何か

かくして、私は「密出国」に成功した。川の向こうは戦争、こちらは平和。あらためて国境ってなんだろうと思う。

泥沼のシリア内戦は5年目を迎え、すでに25万人以上の人命が奪われた。ＩＳの出現と、アサド軍の猛烈な空爆で、今のシリアは世界で最も危険な国になった。国連も治安上の理由から、現地情報の収集をあきらめ、死者のカウントをやめてしまった。しかしそれでもなお、戦闘は今日も続き、さらなる犠牲者を生み出している。帰国してもメディアをにぎわしているのは「小保方さんのスタップ細胞」や「号泣議員」であり、シリアはほとんど取り上げられなかった。

そんな状況が一変したのが、「日本人人質事件」だった。毎日50～100人のシリア人が理不尽に殺されても大きなニュースにはならなかったが、日本人2人が巻き込まれると連日トップニュースになった。どうやら「命の値段に差がある」ようだ。日本では「イスラム国」に関心が集中して、「どうやったら壊滅できるか」「有志連合の空爆をサポートせよ」という風な論調になっていった。しかしＩＳを壊滅させることができたとしても、アサド軍と自由シリア軍の内戦は終わらない。シリア人の死亡者約25万人は、ほとんどがアサド軍に殺されている。ＩＳはシリア内戦から生まれてきた。

なので「ＩＳを壊滅させるとともに、シリア内戦を終わらせる」ことが必要だ。

最後に解決の原則を述べる。

「イラクのことはイラク人に、シリアのことはシリア人に任せる。米ロ、周辺各国は余計な干渉をしないこと」ができれば、この地域は安定に向かうはずだ。

おわりに

京都A区、大阪B区、北海道C区…。次々と「野党統一候補」が小選挙区を勝ち上がっていく。消費税や景気対策、福祉や医療制度などの問題は一旦保留として、「戦争法制反対」「立憲主義を守る」という一点で共闘した候補たちがバンザーイと叫び、晴れやかな笑顔を見せる。

カメラが自民党本部に切り替わり、苦渋の表情を浮かべた安倍首相を映し出す。

政権の再交代で、「国民連合政府」が誕生した。

国会前でアナウンサーが叫んでいる。「たった今、安保関連法廃止法案が成立しました。日本は従来通り、集団的自衛権を行使することはできません」

シールズの若者たち、子育てママの会の母親たちが喜びのスピーチをしている。「あきらめないでよかった！」「闘ってきてよかった！」

２０１６年、17年の近未来が、このように進むことを願う。

「そんなにうまくいくわけないやろ」

その通り。事態はそんなに単純ではない。民主党内の保守派が野党連合に反発しているし、NHKなど大手メディアが「安倍応援団」になったため、わずかではあるが安倍内閣の支持率も回復している。でも無関心層と思われていた若者が立ち上がったのも、世論調査では圧倒的に「戦争法反対」が上回っているのも事実だ。

多くの国民は「安倍政権のウソ」を見抜いている。あとは「あきらめないで」「忘れないで」投票に行くこと。そうすれば結果は劇的に変わる。何しろ4割の得票で8割の議席を独占できるのが小選挙区制。2012年総選挙、自民圧勝の逆を実現するのは可能だ。

日本が独裁国家になる前に、抗議の声をあげ、世論を味方にしながら、権力者に憲法を守らせよう。まずは2016年の参議院選挙から、この国を変えていくのだ。

最後に、原稿の締め切りを守れない私を気長に待ちながら、叱咤激励してくれた編集者の丸尾忠義さん、シリア入国のコーディネーターとして活躍したモハンマド・シハーブ、通訳のハリル・シュケール、ワリード・ハッサン、イサーム・ラシード、モハンマド・ジャラールたちにお礼を申し上げたい。

この小冊子が平和運動を励ますものになることを願って。

【著者紹介】

●西谷文和（にしたに　ふみかず）

1960年生まれ。京都府出身。大阪市立大学経済学部卒業後、市役所勤務を経て、現在フリージャーナリスト、ＮＧＯイラクの子どもを救う会代表。2006年度「平和協同ジャーナリスト賞」受賞。「報道ステーション」（テレビ朝日）はじめテレビ・ラジオなどで戦争の悲惨さを伝える。
主な著書に『後藤さんを救えなかったか』（第三書館、2015年）、『戦火の子どもたちに学んだこと』（かもがわ出版、2012年）、『オバマの戦争』（せせらぎ出版、2010年）、『戦場から告発』（同、2008年）。また取材した映像をＤＶＤとして出版、『シリア内戦、イスラム国の正体を暴く』（2015年）、『ＧＯＢＡＫＵ』（2010年）、など。

戦争のリアルと安保法制のウソ

2015年11月25日　初版第1刷発行

著　者　西谷文和
発行者　坂手崇保
発行所　日本機関紙出版センター
〒553-0006　大阪市福島区吉野3-2-35
TEL 06-6465-1254　FAX 06-6465-1255
http://kikanshi-book.com/
hon@nike.eonet.ne.jp
編集　丸尾忠義
本文組版　Third
印刷製本　シナノパブリッシングプレス

Printed in Japan
ISBN978-4-88900-929-3

日本機関紙出版の好評書

秦　重雄（小説）家長知史（映画）岩井忠熊（インタビュー）

『永遠の0《ゼロ》』を検証する

ただ感涙するだけでいいのか

四六判ソフトカバー　２９４頁　定価１７２８円（税込）

元特攻学徒兵は『永遠の0』をどう観たか？

戦後70年の今、多くの人の感動と涙とを誘った百田尚樹作品を通して考える歴史への向き合い方。

日本機関紙出版
〒553-0006　大阪市福島区吉野3-2-35
TEL06(6465)1254　FAX06(6465)1255

戦争は秘密から始まる

稀代の悪法「秘密保護法」を許さない

鳥越俊太郎
羽柴　修
小山乃里子

ジャーナリスト・鳥越俊太郎氏が秘密保護法に対する意見を表明した初の本！「十重二十重のデモで秘密保護法NO、集団的自衛権NOを」のメッセージが勇気を与える。弁護士、ラジオ・パーソナリティ二氏の訴えも必読！　定価（本体８００円）

日本機関紙出版
〒553-0006　大阪市福島区吉野3-2-35
TEL06(6465)1254　FAX06(6465)1255

【ガイドブック】日本国憲法の源流を訪ねる

五日市憲法草案

いま注目の、天賦人権説、平等権、個人の尊重、教育権、地方自治、国民主権などを時代に先んじて記した民権意識あふれる近代日本黎明期の私擬憲法を完全ガイド！（口絵カラー）

鈴木富雄　本体１３００円

日本機関紙出版
〒553-0006　大阪市福島区吉野3-2-35
TEL06(6465)1254　FAX06(6465)1255

日本軍「慰安婦」被害者の３DアニメDVD付き絵本

少女の物語

作・金濬起（キム ジュンギ）
翻訳・韓国挺身隊問題対策協議会

日本人に抵抗した罪で投獄された父の身代わりに日本へ働きに出るつもりだった少女は、だまされて日本軍「慰安婦」としてインドネシアのジャワ島へ連行された。チョン・ソウンさん（１９２４～２００４）の生前のインタビューをそのまま使用して作られた３DアニメのDVD付き絵本。　定価（本体１７００円）

日本機関紙出版
〒553-0006　大阪市福島区吉野3-2-35
TEL06(6465)1254　FAX06(6465)1255